JN233841

シリーズ　職業とライフスタイル 5

職業とキャリア

梅澤　正 著

学文社

はしがき

　市場原理の浸透やIT革命の進行につれ，1990年代に入って世界的に就業機会の喪失が懸念され，「大失業時代」の到来がとりざたされている。わが国でも経営破綻や組織スリム化戦略のあおりで企業の離職者が増大し，学生は就社難・就職難に直面することになった。90年代の半ばからは，久しく表舞台から退いていた雇用問題が大きな政策課題となり，職業能力の育成や起業家マインドの醸成に向けた取り組みが注目を集めるようになってきた。

　1999年度の国民生活白書は「選職社会」を特集してこれからの職業問題に光をあて，『労働白書』は1998年度に「中長期的にみた働き方と生活の変化」を，1999年度に「急速に変化する労働市場と新たな雇用の創出」を，そして2000年度には「高齢社会の下での若年と中高年のベストミックス」を特集した。21世紀の入り口にたって，雇用と職業の問題は多くの人びとにとって大きな関心事になっている。

　いっぽうわが国では，80年代以降，若者を中心に職業意識の希薄化や職業マインドの未成熟が問題視されている。職業アイデンティティが確立していないと，人は社会とのつながりを実感する機会を失い，自分に対する誇りや自信をもつことができない。いわばパーソナル・アイデンティティ（PI）は危機に直面するが，20世紀を締めくくる頃から顕著になった日本人の心の揺らぎや自信の喪失や心理的なストレスの増大は，その根が職業アイデンティティの未確立に起因する面がありそうである。

　職業は生き方の道筋をつくる幹であり，単に経済的生活の安定をそこから得るにとどまらず，職業活動の中に能力や個性を注入することによって自分であることが自覚でき，一人前の社会人としての証を手にすることができる。逆に職業的キャリアがあいまいであれば人格の形成は不十分となり，人生から豊かな稔りを獲得する可能性が閉ざされてしまうだろう。

しかし現実に目を向けると，就業を雇用という視点からだけ捉え，どこかに勤めることが職業に就くことだと考えている人は多い。しかしながら，こういった考え方からは，職業アイデンティティは身に付かないだろう。どんな能力や専門性やマインドに磨きをかけ，何をめざしてどんな職業に就き，自分の人生をどう築いていくか。こういったことへの意識と行動が不可欠となる。

　世の中には性格を異にする多数の職業があり，それを通して多様な生きざまが展開されている。就職活動に入ろうとする学生は，まずその現実に目を向け，職業と人生とのかかわりについて熟慮し，職業というものへの意識と関心を高めることが期待される。そこで本書は，第Ⅰ部で職業がもつ諸側面にスポットをあて，職業とは何かについて大いに学習を深めてもらうようにした。ついで第Ⅱ部では，職業ごとの思考・行為様式に関する特性にふれ，人物事例を織り込むことで職業的世界の実像や実態をクローズアップさせ，職業というものが具体的にイメージされるような内容にした。第Ⅱ部を通してキャリアの概念について十分な学習をつみ，認識を深めることが期待される。

　そのうえで，最終的には，自分の職業観や職業意識をしっかりと確認することが要請される。豊かで充実した人生の構築に向けて，どんなキャリアが望ましいと考え，めざすそのキャリアをどう形成しようとするのか。そのさい職業をどう位置づけ，どんな職業に従事して，どんな職業活動や職業生活を送ろうとするのか。こういった点から自分を確認し，生涯にわたるキャリアディベロップメントに向け，十分な知的・心理的な備えをもって計画的な就職活動に臨むことが求められる。会社を職業人生のスタートにしようとしている学生は，拙著『サラリーマンの自画像』（1997年刊）をあわせて読んでみたらいかがであろう。

　2001年1月

梅澤　正

目　次

序　章　さまざまな職業 ――――――――――――――――――――― 1
　1．商売百態 ――――――――――――――――――――――――― 2
　2．社会的ニーズが職業をつくりだす ――――――――――――――― 3
　3．個人が仕掛ける仕事 ――――――――――――――――――――― 4
　4．社会の必要と個人的必要性と ――――――――――――――――― 5
　5．職業文化 ――――――――――――――――――――――――― 7

第Ⅰ部［学習］　職業の諸側面

第1章　職業の意義 ―――――――――――――――――――――― 11
　1．労働観の進化 ―――――――――――――――――――――― 12
　　　(1)賤業から天職へ……12　／　(2)仕事に関する哲学……14
　2．職業概念の成熟 ―――――――――――――――――――――― 16
　　　(1)近世の日本……17　／　(2)職業の3要素―社会と個人を結ぶ職業の意義
　　　……18　／　(3)職業倫理の類型……20
　3．職業観と職業意識 ――――――――――――――――――――― 21
　　　(1)仕事や職業の比重……22　／　(2)仕事と余暇……24　／　(3)働くことの意
　　　味や目的……26

第2章　職業の歴史 ―――――――――――――――――――――― 29
　1．「近代職業文化史」―多様な働きざま ――――――――――――― 30
　2．「江戸あきない図譜」―生業としての職業 ―――――――――――― 31
　3．「パリ職業づくし」―より以上の知恵の発露で消えていった職業 ―― 34
　4．「職業事典」―職業の技術的側面 ――――――――――――――― 36
　5．「近世日本の職業観」―職分としての職業 ―――――――――――― 38

第3章　職業活動の帰結 ―――――――――――――――― 41

1．職業のアウトプット ――――――――――――――――― 42
   (1)個人的な帰結……42 ／　(2)満足度と満足要因……44 ／　(3)ライフスタイル……47

2．社会的ポジション ――――――――――――――――― 49
   (1)社会的地位指標……49 ／　(2)社会的資源獲得のチャンス……51

3．職業は人を選ぶ ―――――――――――――――――― 54

第4章　職業の評価 ―――――――――――――――――― 57

1．選職社会の到来 ―――――――――――――――――― 58
   (1)職業評価の主観性と客観性……58 ／　(2)職業の個人的好み……60

2．職業選好度 ―――――――――――――――――――― 61
   (1)希望する職業……61 ／　(2)空想上の職業と現実の職業……64 ／　(3)最近の調査から……67

3．職業の要件 ―――――――――――――――――――― 68
   (1)多様な評価要素……69 ／　(2)国際比較調査……71

4．職業威信と職業イメージ ――――――――――――――― 73
   (1)社会的威信からの職業比較……73 ／　(2)職業のイメージ……75 ／　(3)サラリーマン職業……77

第5章　職業の分類 ―――――――――――――――――― 79

1．職業の区分 ―――――――――――――――――――― 80
   (1)日本標準職業分類……80 ／　(2)社会経済分類……81 ／　(3)労働省編職業分類……82

2．フェース・シートに登場する職業分類 ――――――――――― 86
   (1)括り方1……86 ／　(2)括り方2……88 ／　(3)括り方3……89

3．職業分類への多次元アプローチ ―――――――――――― 91
   (1)心理学的職業分類……91 ／　(2)ホランドの職業分類……92 ／　(3)米国の「職業辞典」(DOT)……94

4．シンボリック・アナリスト ─────────────────────── 96
　　　　(1) 3つのカテゴリー……96　／　(2)地球経済に対応した職業分類……97

第Ⅱ部［考察と展望］　生き方と職業

第6章　職業的生きざま ──────────────────────── 101
　　1．ドキュメンタリー・職業 ─────────────────── 102
　　　　(1)スタッズ・ターケルの世界……102　／　(2)アメリカ職業物語……104
　　2．日本版職業物語 ──────────────────────── 107
　　　　(1)日本人の仕事……108　／　(2)わたしの仕事……110
　　3．多彩な職業的生きざま ─────────────────── 112
　　　　(1)文献・職業ドキュメンタリー……112　／　(2)職業ごとの人と仕事
　　　　……114　／　(3)職業遍歴が綴る自伝……117　／　(4)組織仕事人の生きざま
　　　　……118
　　4．職業ごとの職業特性 ────────────────────── 120
　　　　(1) 3つの要素……120　／　(2)職業特性分析図式……123

第7章　職業アイデンティティ ─────────────────── 125
　　1．職業観を診る ─────────────────────────── 126
　　　　(1)仕事が人生とはお粗末だ……126　／　(2)仕事はそれ自体尊い……127　／
　　　　(3)正しい仕事……129
　　2．人生目標と職業動機 ────────────────────── 130
　　　　(1)職業を通じてめざすこと……131　／　(2)生き方の選択……133　／　(3)パ
　　　　スカルからのメッセージ……134
　　3．生活満足と仕事満足 ────────────────────── 136
　　　　(1)相関関係──調査研究のデータから……136　／　(2)職務満足の効果
　　　　……140
　　4．会社員の働き方 ──────────────────────── 141
　　　　(1)職業としての会社員……141　／　(2)組織仕事人の特性……142　／　(3)閉
　　　　塞的な職業生活……144

5．職業アビリティ────────────────────────145
　　(1)キャリア・クライシス……146 ／ (2)エンプロイアビリティ……148 ／ (3)市場価値, 転職可能性, そしてコアコンピタンス……149

第8章　職業的世界の動態────────────────────153
　1．就業と雇用の動向───────────────────154
　　(1)「労働終焉」の時代……155 ／ (2)就業をめぐる諸状況……156 ／ (3)雇用不安……157
　2．転換する企業の雇用施策────────────────159
　　(1)雇用形態の多様化……159 ／ (2)雇用保障に関する方針……160 ／ (3)早期退職制度……161
　3．変化する就業形態────────────────────163
　　(1)転職・転社の実情……163 ／ (2)独立仕事人……165 ／ (3)起業・開業……168
　4．職業構造の変化─────────────────────169
　　(1)趨勢的変化……170 ／ (2)雇用者比率の増加……171 ／ (3)職業の増減……172
　5．増大する「社会的仕事」────────────────173
　　(1)活性化する非営利セクター……174 ／ (2)社会は働き手を求めている……176

第9章　ライフキャリアとワークキャリア──────────179
　1．生き方／働き方─────────────────────180
　　(1)生き方への関心……180 ／ (2)主体的な生き方……182
　2．キャリアの概念─────────────────────184
　　(1)キャリア概念の有用性……184 ／ (2)狭隘なキャリア概念を糾す……186
　3．キャリアの開発─────────────────────188
　　(1)キャリアの多彩な用法……188 ／ (2)生き方としてのキャリア……190

4．ライフプランニング ―――――――――――――――――――193
    (1)生き方の幅と奥行き……193 ／ (2)ライフキャリアとワークキャリアの統合……196

終　章　職業文化論 ――――――――――――――――――――199
  1．思考・行為様式としての職業文化 ――――――――――200
  2．職業集団に培養された様式 ―――――――――――――201
  3．実証研究へ ――――――――――――――――――――202

参考文献 ―――――――――――――――――――――――204
索引 ――――――――――――――――――――――――211

図表目次

- 1-1　働く目的(A)　27
- 1-2　働く目的(B)　27
- 1-3　働く目的(C)　28
- 3-1　人の欲求（例示）　44
- 3-2　職業別資産程度　45
- 3-3　職業別ゆとりの有無　46
- 3-4　SSM総合職業分類　52
- 4-1　高校生の「なりたい職業」　65
- 4-2　望ましい職業について　72
- 4-3　職業威信の評定要素と重視割合　75
- 5-1　国際標準職業分類　81
- 5-2　社会経済分類の構成　83
- 5-3　職業で異なるボランティアの活動分野　88
- 5-4　MOW調査　90
- 5-5　Robinson, L. をベースにした職業区分　92
- 5-6　ホランドの六角形モデル　93
- 6-1　ターケルがインタビューした職業　105
- 6-2　職業特性分析フレーム　122
- 7-1　職業動機に関する質問　132
- 7-2　職業満足と生活満足の相関　138
- 7-3　生活満足と仕事満足　139
- 7-4　NEDモデル　149
- 7-5　部課長のキャリア構成　151
- 8-1　転職志向の実態　165
- 8-2　独立業の形態　166
- 8-3　主要先進国の職業（4部門）別就業者数　171
- 8-4　主な国の従業上の地位別15歳以上就業者数の割合　172
- 8-5　就業者数の増減率が高い職業小分類　上位20位　173
- 8-6　NPOの就業者　174
- 9-1　Super's Life Career Rainbow　191
- 9-2　プライベートタイムのライフスタイル　195

序章
さまざまな職業

はじめに

　世の中にはいかに多様な職業が存在し，それを通して人びとがいかに多彩な生き方をしているか。この序章では，冒頭で別役実が書いた『当世・商売往来』をひもときつつ，そのことに思いを深くしてもらうことになる。

　この本には何やら怪しげな職業も登場するが，その活動内容や人びとの生活ぶりをチェックすることを通じて，職業とは何なのかを考える手がかりを得て欲しいという狙いもある。違っているようでいて，同じといった共通項が見つかるかもしれない。それこそが，職業のエッセンスなのだろうか。

　いずれにしても，職業は社会的ニーズによってつくりだされるが，それを担う個人がいないと社会的制度とはならない。個人が発意しても，社会的需要がないと職業として存続していくことはできない。つまり職業は，社会の必要と個人的必要性とがマッチングして成立する。

　第1部で職業の諸側面を学習していくことになるが，本書で取りあげた職業の諸側面とは，職業の意義（第1章），職業の歴史（第2章），職業活動の帰結（第3章），職業の評価（第4章），職業の分類（第5章）の5つである。このなかでは，職業に就くことがどんな効能や結果を人にもたらすかを主題にした第3章（職業活動の帰結）が，類書にない独自な試みといえよう。

　それに先立ってこの序章では，社会には多様な職業があり，それを通して人びとが多彩な生き方をしている社会的現実から，多くを学習することが望まれる。

1. 商売百態

　世の中にはいろいろな職業がある。別役実の『当世・商売往来』をひもとくと，セールスマン，お笑いタレント，探偵，カメラマン，料理評論家，俳優，宗教家が登場するが，これらは名称だけで仕事が想像できるからいわば普通の職業。ペットショップ，喫茶店，銭湯，両替屋（景品交換所），電話の時間貸し屋なども事業内容は見当がつく。だが総会屋，地見師，ダフ屋，押し屋，示談屋，行列屋，当り屋，やくざとなると，はてこれらは職業だったろうかと首が傾く。一括して「表稼業」にたいする「裏稼業」とでもいうことになろうが，それにしても，やくざはどうして職業なのか。総計で30の商売がリストアップされているのだが，どうにも分からないのが，こいかい，いたこ，つなぎ。

　詳しくは原著に当たってもらうことになるが，こいかいは肥買いであって糞尿処理。現代では職業としてはすたれてしまって，産業になっている。

　いたこは，一言でいえば「盲目の口寄せ巫女」だが，死霊の口寄せ，神おろし，祈禱，占いを業とするとある。昔ほどではないにしても現存する。

　つなぎは説明が難しいが，たとえば新聞や雑誌の編集者と執筆者との間に介在するという。新聞や雑誌から特定のコーナーやページを買い，そこへおなじみの執筆者を斡旋する労をとるのだそうである。ヨーロッパのレストランやトイレ等でみかけるチップ商法に似ているようでもある。それにしても別役のつなぎのような叙述は，われわれを刮目させるに値する現代社会評論となっている。すなわち，「二者対応は何も生み出さない。三者対応こそが豊かな関係なのであり，これが状況に順応し，それにしたがって変化し，また新しいものを生み出す。その意味でつなぎ屋というのは，現在枯渇しつつある対人関係を活性化させ，それを躍動させるための重要な役割を担いつつある。今後はあらゆる二者対応の局面に介入してくるであろう」と別役は喝破するのである。

　従前は糞尿が肥料として貴重であり，家庭はこれを売ることで金銭を収得できたが，いまは金銭を払って処理してもらっている。糞尿処理は地方公共団体

から委託を受けて企業が担う。同じく商売とはいっても，昔は売手である個人や家庭が収入を得，今は処理する側が金銭を獲得する。商売の意味や形式の，時代による変動をそこに見ることができる。

2. 社会的ニーズが職業をつくりだす

　やくざ稼業とも裏稼業とも一括される総会屋，地見師，ダフ屋，押し屋，示談屋，行列屋，当り屋はなぜ商売になるのだろうか。

　押し屋というのは，通勤客で混み合う駅のホームで，着ぶくれして車両に入りきれなくなった乗客を押し込む業のことだろう。独立した職業にはなりえないだろうから学生アルバイトの仕事であり，対価は雇い主であるJRが支払うのだろうが，いずれにしても現代社会に特有な仕事と考えられた。ところがこの本によると，押し屋商売は昔からあったという。ちょっと勾配のきつい坂の下あたりにとぐろを巻いていて，大八車やリヤカーに荷物を積んだ人間が通りかかると，「押すかい」と聞く。「頼みます」というと，それを坂の上まで押し上げてくれ，何がしかの対価を獲得する。ほぼ百年たって，突如として押し屋がよみがえったと別役は語るのである。押す対象と仕事の場所，そして対価の出所などは異なるが，押し屋は押し屋である。もっとも赤帽とはちがって，押し屋では定職になりにくいから，商売ではあっても職業ではないという決定的な相違は存在するが。

　いっぽう示談屋は，社会的承認のほどについては不祥だが，定収はえられそうだ。世の中に紛争は絶えないが，そのすべてが法的に処理されうるわけでもなければ，「法廷に持ち出し，法律の条項に照らして解決できる問題でも，あえて示談屋を介入させ示談にしようとする人びとが，けっして少なくない」のも事実である。たとえば交通事故を起こして途方に暮れている時，背後からこっそりと「保障問題でこじれたら，相談に乗りますよ」とささやかれ，電話番号だけが書かれた紙切れを渡された自分を想像してみたらよい。こちらからの依頼，そして出前方式（持ち込まれ）という差はあっても，けっこう社会的な

需要はありそうだ。身分が保証されているわけでも，日本標準職業分類に記載されているわけでもないのだが，商売として成り立つゆえんである。別役の説明がまた壺にはまっている。すなわち，弁護士が法律についての専門家なら，示談屋は人間についての専門家である。したがって世のあらゆる紛争において，法律的側面には弁護士が介入し，人間的側面には示談屋が介入する。法律と人間を比較すれば，人間の方がはるかに複雑でかつ不条理であるように，弁護士の仕事より示談屋の仕事の方がはるかに複雑でかつ不条理なのである，と。示談屋商売は，社会が構造的に生み出す性格のもののようである。

3. 個人が仕掛ける仕事

先にやくざ的商売と表現したが，その意味するところは，社会的に身分が保証されているわけではなく，日本標準職業分類には無論のこと，各種社会調査のフェース・シートなど公的な職業区分表に登場することはまずないということ。いわば「履歴書に記入できない職業」ということになるが，それにもかかわらず存在するのは，商売として社会的に需要があるからだろう。ここで社会的需要とは，ひろく世の中に生起する諸問題の解決に資するという意味である。示談屋の場合でいえば，両当事者のほか，法廷や弁護士など社会の側もまた便宜を供与される面がある。つまり三方得なのであって，ダフ屋についてもそれがいえなくはない。その点が，社会的需要と表現できるゆえんである。

ところが当たり屋となると，どうもそういった性格の商売とはいえそうにない。要するに，自分個人にだけを利する商売，しかも社会的には迷惑な商売と受け止められる。実際には車に当たらず，怪我もしていないのに賠償金を請求してくるとなると詐欺行為である。しかし別役によると，正当な当たり屋は必ず当たり，したがって怪我をし，その程度に応じて賠償金を請求するのだという。こうなると仕事の専門家でありプロであって，職業の名に適いそうである。その対価は，現に自分の身を傷つけたことによるのだから不当とはいえず，かつその支払いは保険会社であるから相手に迷惑は掛けていないとなる。それば

かりか，保険に加入することのありがたみと大切さを衆知させ，医療機関や自動車修理工場が潤うのであるから，内需拡大に寄与するというわけである。

こうなると当たり屋には社会的に存在意義があるということになりそうだが，はてどうであろうか。こういった周囲に及ぼされる効用は，意図せざる結果に由来するもので社会的に構造化されているわけではないし，むしろ立証のために費やす警察や司法当局の時間と労力は，明らかに社会的な損失である。それに，運転者は加害者の汚名を着せられ，時間はとられるわ気分を害されるわで，まことにもって降って湧いた不幸に泣かされる。当たり屋当事者だけの利己的な行動であって，社会的には迷惑千万としかいいようがない。商売は他人を利して自分にそれが跳ね返ってくることで成立するが，職業という名の行為は，その場合の「他人」が一般的でかつ広範囲であることによって成立する。

行列屋についても，それがいえないことはない。見せ掛けの顧客や観客を仕立てて商品や芝居の人気を煽るわけで，いわば事業家や経営者の宣伝活動に従っているだけである。それに従事するのはいずれアルバイターであろうし，1つの社会現象と思えば風情があるということにもなるが，交通混雑を惹起するなど社会的公害に繋がりかねない利己的行動という要素をもっている。

では，地見師の場合はどうか。「公道もしくは公共の場所に放置された現金を拾い，それによって生計をたてている」わけだが，さして他人や社会に迷惑や損害をもたらしているわけではなさそうである。ただし，落し主からすると拾われて交番に届けられることへの期待はある。落し主の側に地面師を責める権利はないが，当の地面師は「北海道にしん業者はつぶれたが，それより古くからやっている我々は，まだ続いている」とやや誇らしげにいうはずだ，と別役は書いている。人間現象に端を発する商売や職業は，時代をこえて存続していくもののようである。

4. 社会の必要と個人的必要性と

その裏的商売について，ある学生は，白と黒と割り切れない灰色の部分や裏

の世界，黒々と淀んだ闇の世界に生きているにしても，その人達にとって生計をたてるための仕事であり商売であり，その過程で多くの人びとや社会とつながりをもち，そこからの需要にこたえているのであるからやはり職業なのであるとレポートした。だがあわせて，仕事とは生活を支えるだけのものではなく，夢や将来のビジョンを叶えるために，毎日を充実したものとして実感できているかどうか，その点が肝心な点だと書いている。

　またあるレポートは書いている。一般に生きていくことについてもそうなのだが，職業にも，無くてはならない職業，有っても無くても困らない職業，無くてもいい職業とが分類できる。この場合無くてはならないとは，社会生活を営むうえで基本的に欠かせないという観点であり，衣食住の円滑な遂行，人命の安全，社会の秩序とバランスの維持にかかわるもの。有っても無くてもというのは，それによって生活が便利になったという程度のもの。そして無くてもいいとは「個人またはそれを取り巻く社会に対してまったく利益はなく，それどころか被害ばかりを及ぼしている」という観点だという。どうも，これまで言及してきた裏的商売を意識した書き方のようである。

　それにしても何でも職業にしてしまう，何でも職業になってしまうといった現実に，多くの学生は驚きの念をもったようである。人びとの欲望や生活上の必要があり，その点に働きかけて何らかの金銭的利益を獲得しようという積極性（？）が人びとのあいだに存在するかぎりにおいて，商売や職業は何時でも何処でも誕生する。それゆえに現代社会では，人間自身が信じられないくらいの種類と数の職業が存在することになっている，とそのレポートは述べるのである。つまり，困ったことに，他人を困らせてでも自分の利益を増大させようという輩を増やしてしまっているのではないか，と。

　いま何でも職業にしてしまう，何でも職業になってしまうと書いたが，それが技術力をベースにしてはじめて可能だと書き添えることを，多くの学生は忘れていない。致命傷にならない程度の身の傷つけ方をして賠償金を請求する当たり屋。ダフ屋の客との視線の合わせ方は絶妙であり，瞬時にしてチケットを

欲しいのか売りたいのかをキャッチし，お互いに顔を直視することなく，手と手の位置で商取引を終了させるやり口。セールスマンは内懐に入り込む技術によって，芸人は人を喜ばせる技術によって，宗教家は人を信用させる技術によって，それぞれ職業活動を全うしているというわけである。

5. 職業文化

　職業社会学のテーマは多岐にわたる。大きな括りで主要なものをあげるなら，職業の意義，職業生活の実態，職業労働の充実化，職業構造の変動といったことが想起される。

　より細かく職業世界の現実に立ち入れば，断片的になるが，労働と余暇の関係，「豊かな労働者」の出現，フリーターの増大，経営者の社会的地位，職業分類，理想職業の要件，労働の哲学，職業評価の体系，職業への満足度，産業化の進展と労働疎外の問題，労働生活の質の向上と労働の人間化，新しい職業の発生，専門職の特性，日本人の職業観，現代における職業観・仕事観の推移といったように多彩である。

　そのような中で本書は，職業文化論の視点から職業の諸問題にアプローチしようとしている。商売百態といわれるように世の中にはさまざまな職業があるが，職業文化論は，そういった多彩な職業のそれぞれが装着させている固有な特性にスポットを当てる。いわば職業ごとの価値観，思考行為様式，ライフスタイルの違いに注目した職業特性の研究であり，その資格要件や社会的拘束をふくめた多彩な職業的生きざまに関心を寄せる。

　あらためていえば，職業文化とは，それぞれの職業に固有で特徴的な思考・行為様式，ならびに生き方やライフスタイルのことである。すなわち，職業によって人びとの価値観，服装や言葉づかい，趣味やレジャー活動が微妙に違うが，職業ごとに顕著なそういった観念，態度，知識，技能，習慣，幻想，情緒などに関する一般的性格のことである（森岡他，1993）。

　ところで職業には，人びとの生き方としての側面がある。職業は，それに従

事する人びとに対して固有の思考・行為様式を身につけるように要請するので，職業によって人びとの生き方やライフスタイルに差がでてくる。職業文化論は，いろいろな職業の行動特性といろいろな人びとの生き方の2つがどう連動しているかに着目し，人生における職業の意義，あるいは職業を舞台にした人間の生きざまを実証的に考察していこうとする。

　つまり職業文化論は，「職業にみられる生きざまの研究」といった側面ももち合わせている。個々の職業がもつ特性が当事者個人の生きざまとどうかかわり，人びとの生き方にどんなインパクトを与えるかをクローズアップさせる。いわば職業特性と個人の生き方との接合の仕方に目を向けることになる。本書は，こういった職業文化研究の現状が一歩前進し，職業文化論が確立するための一里塚になることを期している。

第Ⅰ部　［学習］

職業の諸側面

第1章
職業の意義

はじめに

　職業は労働とも仕事とも異なるが，当初は相互に区別さていたわけではなく，まとめて労働であった。そういった労働観から職業概念への進化を，まず西欧について概観し，中国の歴史にふれ，日本の近世に言及する。古代ギリシャ・ローマ時代に労働は精神を獣化するものとしてきらわれたが，宗教改革を経て「生活における基礎であり鍵である」として近代的な解釈がくだされるようになる。しかし時代が20世紀におよぶと，労働疎外が大きな社会問題になっていった。

　労働や仕事に関する捉えかたは多様であるが，第1節で2人の先哲の所見をかいまみたのを受けて，第2節で職業の意義や概念について一定の整理をしてみた。尾高邦雄は職業には個人と社会のかかわり方に関する深遠な意義が込められているという認識にたって，個性の発揮，連帯の実現，生計の維持という「職業の三要素」をクローズアップさせた。しかし人びとの認識は，現実にはどういうものであろうか。第3節では，さまざまなデータを紹介しつつ，人びとの職業観と職業意識の実態にスポットをあてた。

　労働や職業に関する人びとの考え方や認識の仕方はさまざまであるが，その違いの基礎にあるのは，職業を人生や生活の中にどう位置づけるかである。そのことを，第3節で3つの切り口から考察している。1つは，人生目標や生活の目当ての中に，職業や仕事がどれほどの重みをもって組込まれているか。2つは，余暇や遊びとの対比の中で職業や労働や仕事がどう扱われているか。3つは，働く目的とは何か，働くことにはどんな意味があるかである。

1. 労働観の進化

歴史のうえで一番早く発生した職業は呪術師だとか僧侶だとか娼婦だとかいわれるが，それが本当にそうなのか，それはいつごろかといったことについてははっきりしない。労働や仕事は，人間の活動そのものだから，人類の歴史とともにある。だが職業は，労働や仕事を伴うには違いないが，社会的役割の一端を担う，自分の能力にあっている，報酬を受けるといった特別の意味合いをもった人間の活動であって，労働や仕事一般ではない。

アレント（Arendt, H.）は，人間の行為を類型化するにあたって，労働（labour）と仕事（work）とを分けた。キーナン（Keenan, J.）は「場所，時間，手続きなどの拘束を受ける活動」が労働であるとし，伊吹山太郎は「雇用されて行う仕事が労働である」とした。日常的にも，労働には肉体，単純，苦渋という形容詞がつく場合が多く，いっぽう仕事は目的に向かってなされる主体的活動である点で，労働とは意味合いを異にすると説明される。

いずれにしても職業は，労働とも，仕事とも，また活動一般とも異なる。そういう意味あいでの職業概念は，しかしながら当初は，労働や仕事と必ずしも区別さていたわけではない。労働観から職業概念への進化を，ここでまず西欧について概観しておこう。

(1) 賤業から天職へ

アプルバウム（Applebaum, H.）によると，古代ギリシャ・ローマ時代には，労働は精神を獣化するものとしてきらわれた。ヘブライ人にとっても労働は「苦痛にみちた賤業」であり，それは俗人や奴隷が従事すべきものであった。

中世に入ると，労働は，手段としてのみ認められるようになる。当時の代表的な思想家であるトマス・アクイナスは，働かなくてすむ人は働かなくてよいが（そういう人は祈りや瞑想するのがよい），実際には働かざるをえない人が多いだろうという観点から，働くという行為に階層概念を導入した。社会への

貢献度からして，農業が最高位，ついで手工業，最後が商人とし，金貸しはランクの外（労働とは認めない）とした。

　近世に入ってはじめて，労働は「生活における基礎であり，鍵である」として近代的な解釈がくだされるようになるが，それに寄与したのはルター（Luther, M.）であり，カルヴァン（Calvin, J.）であった。ルターは，信仰に必要なのは唯一お祈りや瞑想や写経であるというそれまでの考え方を退け，労働は神への帰依につながる神聖な行為であると説き，働ける者はすべて働かなければならないとした。ルターは，1517年に「95ヶ状の意見書」を提出し，当時のローマ教会を厳しく批判し近代精神の誕生に大きく寄与したが，労働は神への奉仕と位置づけた。このことにとって，ドイツ語で職業をあらわすBerufは宗教的意味あいをもつ用語になったといわれる。

　さらにカルヴァンは，労働は神の意志であってすべての人は働かなければならないとし，労働による富の追求についても，営利が目的でない限りは許されると説いた。ただし，労働はそれ自体に意味があるのだから，得られた利益は経済生活に再投資すべきものだとして楽な生活の仕方を戒め，目的合理的な秩序だった仕事の仕方が必要であると説いた。

　このように近代的職業概念は，14世紀から進行した宗教改革の中から形成されていったが，宗教改革によって誕生したキリスト教の教義は一般にプロテスタンティズムといわれる。後にドイツの社会学者ヴェーバー（Weber, M.）は，そのプロテスタンティズムが説く世俗的禁欲主義の倫理こそ近代的資本主義を生み出す精神的主柱であったと主張した。近代的職業概念を介して，宗教の教義と資本主義の精神とが結合したわけである。

　ティルガー（Tilgher, A.）は，18〜19世紀は労働の黄金時代であったと述べているが，20世紀には労働疎外が大きな社会問題となり，フリードマン（Friedmann, G.），ブラウナー（Blauner, R.），フロム（Fromm, E.），ミルズ（Mills, J.），シェパード（Shepard, J.），オトゥール（O'Toole, J.）など多くの研究者が論陣を張った。

(2) 仕事に関する哲学

　西欧の近代においても，労働や仕事や職業に関する捉えかたとなれば多様である。アプルバウムはその全体象を描写しているが，以下に職業の意義や概念を探る一助として，先哲の所見の一端を覗いてみたい。人生論や幸福論の幾つかに記されたメッセージを通して，仕事や職業とは何かを学習する手がかりを得ることは有意義であろう。ここでは，仕事に関する哲学と思索の素材を，ヒルティ（Hilty, C.）とラッセル（Russel, B.）の著作に求めたい。

　ヒルティ（1833～1909）は，学者であると同時に政治家，陸軍法務官，歴史家であったが，種々の公益事業にもたずさわった。古典に親しみ，法律，歴史，社会問題，宗教・倫理など多分野に精通して多くの著作を著わしたが，その『幸福論』においてヒルティは，仕事に関する哲学についてこう言及する。

　われわれの見解に従えば，ひとは自由にその人生目的を選ぶことができるばかりでなく，また真面目に，一途に，そしてこれと相容れない一切の努力を犠牲にして得ようとすれば，何によらず必ずそれを得ることができるものである。最上の，そして思慮深い行為をもってすれば，容易に到達することのできる，人生の財宝は，堅固な道徳的確信，精神の良い教養，愛，誠実，仕事の能力と仕事のたのしみ，精神および肉体の健康，そしてほどよい財産である。その他はすべて，まったく価値がないか，あるいは，これらのものとはまるで比較にならぬ価値しかない。これらと相容れないものは，富，大きな名誉と権力，そして不断の享楽である。

　ここでヒルティは，「仕事の能力と仕事のたのしみ」が人生の財宝であり，これは容易に手にしうるものとしているが，別の個所で「単なる陶酔でない本当の幸福感は，仕事なしでは絶対に与えられないという意味でなら，実に，その最大の要素でさえある」と明言している。「この世の最大の不幸は仕事を持たず，したがって一生の終わりにその成果を見ることのできない生活である。

それゆえ，この世には労働の権利というものがあり，また，なければならないわけだ。仕事を持たぬ人は，実際，この世における真の不幸者である」と指摘する。ただし「休息を求めるのは，もとより人間の本性である」として，「勤労をたたえるだけでは，勤労に意欲はわくものではない」とし，仕事と休養のバランスが大切である点を説いて，つぎのように述べている。

　ひとが正当にもしばしば挙げる働きの徳は，働く人だけが真に楽しみと休養の味わいを知りうることである。先に働いていない休養は，食欲のない食事と同じく楽しみのないものだ。最も愉快な，最も報いられることの多い，その上最も安価な，最もよい時間消費法は，常に仕事である。

いっぽうラッセル（1872〜1970）は，20世紀を代表する知性のひとりと称えられ，3世代にわたって，厳密な数理哲学者，理性の情熱的提唱者，独断的・情緒的な思想の批判者，活動的な平和主義者として活躍したことで知られる。1930年に出版された『幸福論』の第4章は「仕事」であるが，そこで，ラッセルはつぎのように書いている。

　仕事を幸福の原因の一つに数えるべきか，それとも，不幸の原因の一つに数えるべきかは，あるいは疑わしい問題だとみなされるかも知れない。確かに，たまらなくいやな仕事もたくさんあるし，また，仕事が多すぎるのもいつも大変つらいものだ。けれども，私見によれば，量が過多でないかぎり，どんなに退屈な仕事でさえ，たいていの人びとにとっては無為ほどには苦痛ではない。仕事には，単なる苦痛しのぎから最も深い喜びに至るまで，仕事の性質と働き手の能力に応じてあらゆる度合いが認められる。たいていの人がしなければならない仕事は，おおむね，それ自体おもしろいものではない。
　しかし，そういった仕事でさえ大きな利点がいくつかある。まず第一に，仕事は，何をすべきかを決定する必要なしに一日のかなり多くの時間を満た

してくれる。たいていの人は，自分の時間を勝手に好きなようにつぶしてもよいと言われると，やりがいのある楽しいことを思いつくのに困ってしまうものだ。そして，どんなことに決定したにしても，何か別のことのほうがもっと楽しかったのじゃないか，という思いに悩まされる。余暇を知的につぶすことができることは，文明の最後の産物であって，現在，このレベルに達している人はほとんどいない。……（中略）……

　大半の有給の仕事と，ある種の無給の仕事の第二の利点は，成功のチャンスと野心を実現する機会を提供してくれる，ということである。たいていの仕事では，成功は収入によって測られる。現在の資本主義社会が続くかぎり，これは避けがたいことだ。この尺度の適用が自然でなくなるのは，最もすぐれた仕事に関する場合にかぎられる。人びとのいだいている，収入を増やしたいという欲望は，より高い収入によって余分の安楽を手に入れたいという欲望であると同時に，成功したいという欲望でもある。どんなに仕事が退屈であっても，世間一般であろうと，仲間内であろうと，とにかく名声を博する手段になるなら，その仕事は耐えられるものになる。目的の持続性ということは，結局，幸福の最も本質的な成分の一つであるが，たいていの人びとの場合，これは主として仕事を通して得られる。

　ここでラッセルがいいたいことは，一言でいえば，仕事には多彩な利点があるということ。われわれは，たとえば成功と野心といったものをも含めて多様な効能を，仕事を通して幅広く獲得できる点を強調していると理解される。

2. 職業概念の成熟

　わが国でも労働や仕事，あるいは事業や家業ということであれば，相当に古い時代から存在したであろう。たとえば，鎌倉時代の宋銭の流通・商業の成立・商人の誕生からはじまるという見方もその１つである（たとえば藤本，1971）。手工業がその製品を自らか商人の手を通じて販売し，その代価をもっ

て衣食を求めうることが確実になったとき，はじめて手工業はその業に専念できるからであろう。

しかしながら職業に関する意義や概念ということになると，近世にいたるまでは育っていないようである。戦国末期における日本語の語彙や意味をさぐるうえで1603年に刊行された『日葡辞書』は貴重であるが，そこに「家業」や「家職」は記載されているが，「職業」の項目は見当たらない。産業や家業などと互用されながら職業の語が普及しはじめるのは，平石直昭によると18世紀に入ってからである。

(1) 近世の日本

日本社会は近世になって職業の概念を発展させていくが，その際に職業という言葉を，中国古代の文献から学んだと平石は指摘する。平石によると，古代中国の文献において職業は3つの用語と関連して現れてくる。1つは，中国周辺の蛮族がその服従の証として土貢を中央朝廷に供する義務と仕事を意味する「貢職」であり，『史記』に登場する。2つは，官僚機構の中で各役人が果たすべき役割を意味する「臣職」であり，君王に対する臣の「職」と人民一般の「業」を分けたうえで，前者の仕事を職業とした。3つは，人民一般の生業を「民職」とした場合であり，三農，園圃，虞衡，藪牧，百工，商売，嬪婦，臣妾，閒民の「九職」がリストアップされているという。いずれも，何らかの意味で生産，流通，消費にかかわる技術的要素を含み，統治とは無縁な仕事である。

後世の中国では上の2つめの用法が一般的であり，「職」と「業」とが対比して使われるようになっているが，近世の日本では2つめと3つめを兼ねた用法が普及したという。つまり職業は，臣と民に共通する人間の活動として概念化されたわけである。たとえば山鹿素行（1622—1685）は，「農商工は其職業に暇あらざる」がゆえに彼らに道徳を教え，人倫を正すことに「士の職分」が見出されると書き記している。ちなみに山鹿の職業観は，一種の勤労倫理をベースにしており，働かずに食う者は「天の賤民」だという職業観をもっていた。

「働かざるもの喰うべからず」というわけである。

近世の日本社会に支配的な職業観を, 平石は3つに類型化している。生業型, 職分型, そして天職型がそれである。ただし平石の説くところを汲むと, 底流においては, 天職型が影響力を行使していたと理解される。各自の仕事は天命であり, 仕事を通じて天に奉仕するというのが天職型職業観の神髄であるが, 職分もまた奉公, 役, つとめと言い換えられるように「天の命じる職分」とみなされる。生活の糧を得る面にスポットをおいたのが生業型職業観の特徴であるが, 家業もまた天職という言い方が幅を利かすことになると, 生業と天職は一体化されてしまう。

職業ということばは, 18世紀も前葉までは西川如見や杉田玄白など少数であったが, 中葉から幕末維新期には洋学者・国学者・漢学者をとわず多用されるようになる。つまり伝統的な家業とは意味あいを異にする近代的職業概念は, わが国では, 維新前後の激動期に西欧学説から学びつつ生まれたと平石は説く。しかし文字通り近代的な職業概念へと昇華されていくには, 福沢諭吉の見識を仰がざるをえなかったようである。

福沢諭吉は1866年に『西洋事情』を著わし, その中で今日いわれる職業に「上下貴賤の差別なし」の考え方を打ち出し, 職業選択の自由を謳った。ただし, その著作に職業ということばは見当たらない。1872年の著作ではじめて職業という言葉を使い, 職業上の勤勉・精励を単に家計を潤すことに行使せず, 公共世界への貢献につなげることの意義を強調した。日本社会にあっても, 近代的職業概念が根に付きだしたといえよう。

(2) 職業の3要素―社会と個人を結ぶ職業の意義

時代はずっと下って, 1941年に尾高邦雄は若干33歳で『職業社会学』を著わした。世界ではじめて職業社会学を体系的に論じた今につながる名著である。職業とは何かについて, 一般には日常従事する業務とか, 生計を立てるための仕事と認識されているが, 社会学の視点からすると, 職業はそう簡単な説明で

はすまされない点を尾高は強調する。職業には個人と社会のかかわり方に関する深遠な意義が込められているという認識から，職業とは何か，どんな意義や機能をもっているのかを解明するため，内外の文献やデータを駆使して徹底的な掘り下げを行う。

　かくして浮き彫りになったのが有名な「職業の三要素」である。キーワードで表現すれば個性の発揮，連帯の実現，生計の維持がそれである。職業の概念が主題になる時は，いつも，この3要素に言及することなしに十分な説明ができないのが現実である。ことばを補えば，職業とは社会生活を営む人びとが，その天賦を発揮してその役割を遂行し，それによって得られる報酬によって生計を立てる継続的な勤労となる。

　この3要素は切り離されがたく結びついているが，それは「分」の概念が3つを串刺しにしているからであると尾高は説く。性分や天分という個性の分，本分や職分という連帯の分，分限や分際や身分という語法にみられる生計の分のことである。たとえば「分をつくす」とは個性を発揮するとともに連帯を実現することを意味するが，当然に生活もこれら2つの分に応じたもの，すなわち「応分」の生活をするということになる。

　職業に相当する外国語には，語義の上から2つのカテゴリーがあるとも尾高はいう。天職的ないし職分的な職業と，生業的な職業とである。職業という字もまた berufung, vocation, profession 等に相当する「職」と，beschaftung, occupation, business 等に相当する「業」とよりなる。職は勤めであり役目であるが，同時にこれにふさわしい能力であり権能であって，これは職分や天分に相当する。これに反して業は「なりはひ」のなりであって生業のこと。このように職業は語義の上からも「職」と「業」との二重構造を有し，しかも個性（個人），連帯（社会），生計（経済）の3要素よりなる。3つの要素が均衡していることは職業の理想形態であるが，実際には職業の欠如態も職業として現存している。

　社会学は「共同」（そこに共同意志の所在を認める意味で協同）に深い関心

を寄せるが，職業は共同の契機，共同への媒介となっていると尾高は説く。職業は人びとを分化させることによってかえってこれを結合し，役割は相互に異なるがゆえにこそよく共同生活の根底となる。異なる職業は相互に補完的に作用して，共同の媒介者になる，と。

　職業は社会生活における個人の役割であり，個人を社会の成員として資格づける。職業が「分」に相当するならば，社会は「全」に，個人は「個」に相当する。社会（全体）は職業を通じて個人（個体）の中に体現され，個体は職業を通じて全体に体現される。その意味で職業は個人と社会をつなぐ通路であり，社会・職業・個人の関係は全・分・個の関係にほかならないと論ずる。

(3) 職業倫理の類型

　先に近世の日本社会に，生業型・職分型・天職型の職業観が存在した点に言及したが，尾高は，現代産業社会を視野において4種類の職業倫理を区分した（尾高，1970）。人間は何のために働くか・働くべきか，何をめざして仕事をするのか・すべきなのかといったことをめぐって，世の中にはいろいろな見解がある。それには，理想，理念，信条，規範，論理等が入り交じっていようが，それらの総体が職業倫理であり，それを基準にした類型化である。尾高は，つぎのように説明する。

　第1は「国家本位の職業倫理」であり，人は全体社会の存続と発展，あるいは公共的福祉の向上に向けて仕事をすることを要請されるという職業観である。この倫理からすると，豊かなレジャー生活のための手段，あるいは立身出世のための踏み台として職業を捉えることは，厳に戒められることになる。

　第2は「職場本位の職業倫理」であり，人は企業，官庁，組合，教団など勤務する事業体の利益増加や地位向上に向けて専心努力することが必要であるという職業観である。80年代に入って，日本企業社会で頑張る会社人間像は，世界的にも注目されるようになった。国益よりは省益のために精を出す日本の役人の存在もまた問題視されているが，彼らはまさしく職場本位の職業倫理に

生きている人びとである。

　第3は「自己本位の職業倫理」であり，職業は，何よりも自分自身あるいは自分の家族のために勤勉であるべきであり，そうであって差し支えないという考え方をさす。実は，この「自己」が主として何を目的・目標にしているかに応じて，3つのサブグループが区別できると尾高はいう。①生計維持を主とするもの，②レジャーの享楽を主とするもの，③立身出世を主とするもの，がそれである。

　第4は「仕事本位の職業倫理」であり，「自分が属する社会や集団のためでもなく，自分自身のためでもなく，仕事そのもののために献身し，仕事のルールにしたがって，いやがうえにも完璧な成果，いやがうえにも独創的な業績をあげるべく努力するのが，職業人としての」つとめであるとする見解である。

　最後の仕事本位型職業倫理は，先に説明した世俗的禁欲主義の倫理と精神的に近い面をもっているが，ヒルティの「ひとを幸福にするのは仕事の種類ではなく，創造と成功との喜びである」という発言がよくその神髄をついているであろう。事実，働く目的には「それ自体もともと興味深く満足感が得られる」(MOW調査，後述) が含まれる。

3. 職業観と職業意識

　労働や職業に関する考え方や認識の仕方は，時代によって変わってきた。当然のことながら国によって，また一人ひとりの個人によっても違っているわけであるが，その違いを基礎づけるのは，端的にいえば，人生や生活における職業の位置づけである。翻って労働や職業の意義とは，生きていくことへの職業のかかわりや，生活の中で果たす職業活動の機能のことである。職業観や職業概念を根本のところで規定し，相互の違いをつくり出しているのは，いわば人生や生活における職業の重要性をどう認識するかである。

　そのことを，ここでは，つぎの3つの切り口から考察してみたい。1つは，人生目標や生活の目当ての中に職業や仕事がどれほど組込まれ，どれほどの重

みで受け止められているかである。2つは，労働と余暇，仕事と遊びという対比の中で，職業や労働や仕事がどれほど重視され，どう扱われているかである。そして3つは，さかのぼって，働く目的とか意味はどこにあるかにスポットを当てることである。

(1) 仕事や職業の比重

人生や生活における職業の位置づけとして，仕事や職業と生きがいとの関係がよくテーマになる。たとえば平成4年の「勤労意識に関する世論調査」(総理府) は，有職者に対し，ストレートに「生活の中で生きがいを持っているのは仕事か，それとも仕事以外か」と尋ねている。結果は，仕事が25.3％，どちらかといえば仕事22.4％，仕事以外27.6％，どちらともいえない18.2％，生きがいや張り合いというものをもっていない5.5％，分からない1.1％となっている。年齢によって回答状況は大きく異なり，仕事と回答したのは，30〜39歳では20.5％だが，50〜59歳では37.7％であった。ちなみに82年の調査では，生きがいや張り合いをもっている人に対してのみ回答を求めたが，仕事派46.2％，仕事以外派26.1％という割合であった。

国 (総理府，総務庁) は毎年「国民生活」に関する意識調査を実施しているが，その中で「日頃の生活で充実感を感じるのは主にどんな時か」を尋ねている。家族団らん，休養，友人や知人との会合や雑談，趣味やスポーツに熱中している，勉強や教養に身を入れている，社会奉仕や社会活動といった項目の中から1つを選んでもらうわけであるが，その選択肢の1つに「仕事に打ち込んでいる」時が含まれている。1975年以来このかた一番多く選ばれるのは「家族団らん」であるが，二番目に「仕事に打ち込んでいる」時が選ばれている。生活の中で，職業は大事な役割を果たしていることが，そこから窺い知れる。もっとも比率は長期低落傾向にあり，1988年にははじめて30％を下回った。

国立の統計数理研究所は1953年以来5年ごとに「日本人の国民性」について調査をしてきているが，その中に「あなたにとって一番大切と思うものはな

んですか」という質問がある。生命・健康，子ども，家族，家・先祖，金・財産，愛情・精神，仕事・信用，国家・社会から1つを選ぶ方式である。生命・健康と愛情・精神と家族が高い割合で選ばれる，次が子どもであって，仕事・信用は金・財産とともにその次のランクであるが，国家・社会よりは高くなっている。もっとも仕事は独立した項目ではなく，信用と合体している。

経済企画庁の「国民生活選好度調査」は1995年に「あなたが〈幸せ〉と感じるのに，次の項目はそれぞれどの程度重要だと思いますか」と尋ね，全部で22項目をリストアップした。子どもの生育，健康，家庭円満などが上位でいずれも85％をこえているが，そんな中で「仕事に生きがいややりがいを感じられること」を52.3％の人が重要であると回答した。どちらかといえば重要と回答した人は37.7％で，あまり重要とは思わないと回答した人は8.1％に留まり，まったく重要とは思わないは1.0％であった（無回答0.9％）。

人びとの生活関心の中で仕事や労働がどれほどの比重をもっているかに関して，かつてデュービン（Dubin, R.）は「中心的生活関心」という概念を構想したが，82年と92年に三隅二不二の主宰で「仕事の中心性」について国際比較調査（MOW調査）が実施された。レジャー（趣味・スポーツ・レクリエーション・友人とのつきあいなど），地域社会（各種団体・組合・政治組織など），仕事，宗教（宗教上の諸活動・信仰など），家族という5つの生活領域が，「生活の中でどれくらい重要」であるかを尋ねたのであった。①まずそれぞれがどれほど重要で有意義かを7段階で評価させ，②次にそれぞれに100点を配分するように求めた。生活の中で「最も重要で有意義なものの1つ」と回答した人の割合は，日本が44.4％，米国が30.3％であった。生活全体の中に占める割合という点では，日本の場合は仕事が36.1％，家族が35.0％であり，米国の場合は仕事が24.5％，家族が33.5％であった。

これによってみれば，日本の場合，仕事や職業の占めている比重は相対的にも絶対的にもきわめて大きい。だがシニアプラン開発機構の1996年の「サラリーマンの生活と生きがいに関する調査」（全国の厚生年金基金の加入者と受

給者で35歳以上74歳までの人）は，同じ1991年の調査と比較して，「〔仕事・会社〕から生きがいを取得している人は減少している。サラリーマンの意識の中で重要なウエイトを占めていた〔仕事や会社〕が揺らぎ，生きがいの獲得要因は多様化していることが確認できた」と報じている。

(2) **仕事と余暇**

　人びとが仕事の意義や職業の価値をどう認識しているかは，余暇への意識や余暇活動の現実との対比を通じて把握することができる。フーラスティエ (Fourastie, J.) は1960年代に，1995年ごろ先進諸国の労働時間は週30時間，年40週，生涯35年働くようなシステムになると予測した（邦訳，1965年）。現在もその水準までは到達していないが，世界的規模で労働時間は早い勢いで短縮し，今や人びとの余暇への関心は大いに高まり，余暇活動は活況を呈している。その分，仕事や職業への関心が薄れ，そこに注入される生活時間は少なくなるのが道理である。

　デュマズディエ (Dumazedier, J.) は，余暇とは「個人が職場や家庭や社会から課せられた義務から開放された時に，休息のため，気晴らしのため，あるいは利得とは無関係な知識や能力の育成，自発的な社会参加，自由な創造力の発揮など自己開発のために，まったく随意に行う活動の総体」であると述べている（邦訳，1972年）。いわば余暇は労働から解放された時間として理解され，余暇と労働とは対概念で捉えられる。

　ホイジンガ (Huizinga, J.) によれば「遊びとはフィクションであり日常生活の枠外にあると知りながら，遊ぶ人を全面的に捕らえうる自由な活動，いかなる物質的利害も効用ももたず，明確に限定された時空の中で完了し，与えられたルールに従って整然と進行」するという。遊びは文化の発展を可能にする豊かな創造性をもった約束ごとの根本にある精神だとし，遊びと真面目という対立は決定的なものでも，固定したものでもないと説明する（邦訳，1971年）。またカイヨワ (Caillois, R.) も，「遊びの本質は自由，分離，不確定，非生産的，

ルールのある，虚構的な活動」と述べているが，仕事と遊びの二律背反は解決不可能とは思わないとしている（邦訳，1970 年）。しかしながら日常的には，余暇と労働は人間の活動としては背反的なものとされる。

　そういった観点でアプローチした場合，人びとは，余暇と労働のどちらの領域によりコミットする傾向が強いであろうか。その点を通して，仕事や職業の意義を考察しておこう。

　世界青少年意識調査（対象 18〜24 歳）の中に，「仕事と仕事以外」のどちらを重視するかという問いかけがある。この調査は，82 年から 3 〜 4 年間隔で実施されているが，93 年の結果をみると，日本の場合は 23.3 ％対 66.2 ％であり，韓国 35.6 ％対 63.4 ％対，イギリス 24.1 ％対 65.1 ％，スウェーデン 13.5 ％対 72.9 ％，フィリピン 68.9 ％対 31.1 ％となっている。多くの先進諸国において，青少年の意識は仕事より余暇に向いていることが分かる。

　この傾向が若者だけのことでない点は，たとえばミシガン大学社会調査研究所の「世界価値観調査 95」や電通総研の「価値観国際比較調査」によっても同様であるが，日本の場合について時代的な推移をみておこう。NHK 放送文化研究所は 1973 年から 5 年おきに「日本人の意識」調査を実施しているが，牧田徹雄によると，1973 年と 1998 年の間につぎのような変化がある（左 1973 年，右 1998 年）。石油ショックを経て低成長時代に入ると，まず「作業職」から「仕事志向」優位が崩れ始め，バブル景気下の 1988 年調査あたりから他の職種（販売職，技能職）にも及び，いまや「仕事志向」は最小値に転落したという。

	作業職（％）	事務職（％）
「余暇志向」	36 → 41	27 → 36
「仕事余暇併立」	19 → 33	27 → 42
「仕事志向」	44 → 24	46 → 21
無回答	1 → 2	0 → 1

- 余暇志向＝「仕事よりも余暇の中に生きがいを求める」＋「仕事はさっさとかたづけてできるだけ余暇を楽しむ」
- 仕事余暇併立＝「仕事にも余暇にも同じくらい力を入れる」
- 仕事志向＝「余暇も時には楽しむが仕事のほうに力を注ぐ」＋「仕事の生きがいを求めて全力を傾ける」

(3) 働くことの意味や目的

　働くことの意味や目的，あるいは職業の機能ということになれば，けっして1つや2つのことではない。数え方によっては限りなくあるだろう。たとえば1995年の「国民生活選好度調査」では，つぎのような10項目をリストアップして，その中から3つ以内を選択するように求めている。調査結果とあわせて紹介すれば，①仕事は収入を得る手段にすぎない（25.2％），②働くのは暮らしのためだけでなく社会のためだ（14.6），③働くのは人間として当たり前だ（33.5），④まじめに働けばそれなりの見返りが得られる（18.5），⑤働くことによって人間的に成長できる（39.8），⑥仕事を通じて多くの人びとと知りあえる（50.3），⑦仕事は生きがいのひとつである（16.8），⑧十分なお金があっても何か仕事はしたい（14.6），⑨働くことによって規則正しい，健康的な生活が維持できる（34.2），⑩仕事によって収入だけでなく社会的地位も得られる（8.4）である（カッコ内は％）。回答肢としては，他に「特に考えない」（1.5），「無回答」（0.31）がある。

　総理府は，一定期間をおいて「勤労意識に関する調査」を継続的に実施しているが（95年10月調査の調査は「今後の新しい働き方に関する調査」），この場合は，「お金を得るため」「社会の一員として務めを果たすため」「自分の能力を発揮するため」の3つに集約されており，先にみた「職業の3要素」に対応している。結果は，図表1-1，1-2，1-3のようになっている。

第 1 章　職業の意義　27

図表 1 − 1　働く目的 (A)

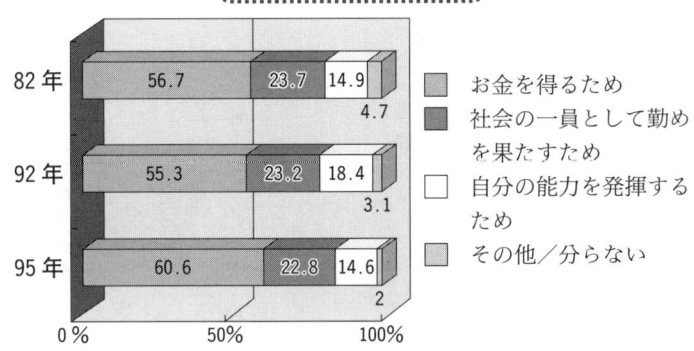

年	お金を得るため	社会の一員として勤めを果たすため	自分の能力を発揮するため	その他／分らない
82 年	56.7	23.7	14.9	4.7
92 年	55.3	23.2	18.4	3.1
95 年	60.6	22.8	14.6	2

出所）総理府「勤労意識に関する世論調査」(1982 年)，同「勤労と生活に関する世論調査」(1992 年)，及び同「今後の新しい働き方に関する調査」(1995 年)

　世界青少年意識調査の場合も，収入を得ること，社会人としての義務をはたすこと，仕事を通じて自分をいかすことの 3 つが選択肢となっている。国と年度によって結果は違うが，日本の場合，1982 年と 1993 年の結果はつぎのようになっている（総理府，1994）。

図表 1 − 2　働く目的 (B)

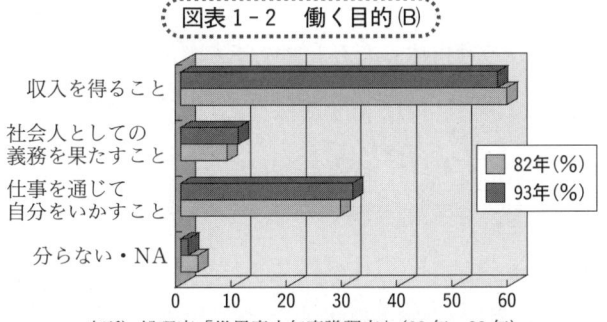

（82 年(%)，93 年(%) の項目別棒グラフ：収入を得ること／社会人としての義務を果たすこと／仕事を通じて自分をいかすこと／分らない・NA）

出所）総理府「世界青少年意識調査」(82 年，93 年)

　また朝日新聞社が 96 年に実施した「日本人の勤労意識」世論調査によると，全国の有権者（男性 47 %，女性 53 %）と米国の有職者の回答状況はつぎのようになっている。「あなたは，ふだん仕事はどんなものと考えていますか。生きがいですか，義務ですか，収入を得るためのものですか」という問への回答である（「朝日新聞」1997 年 1 月 1 日）。

図表 1-3　働く目的 (C)

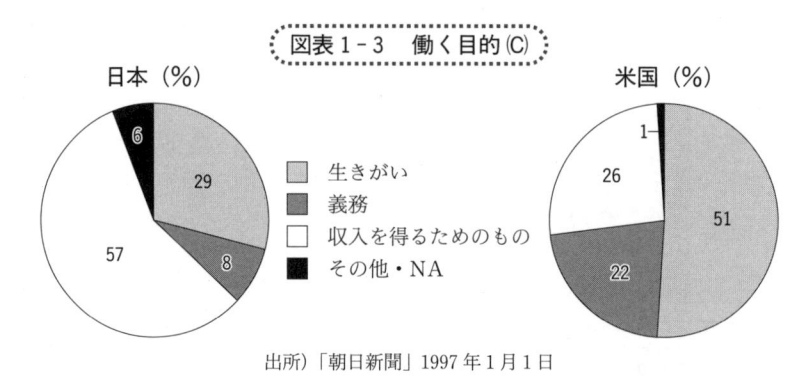

日本 (%)
- 生きがい: 29
- 義務: 8
- 収入を得るためのもの: 57
- その他・NA: 6

米国 (%)
- 生きがい: 51
- 義務: 22
- 収入を得るためのもの: 26
- その他・NA: 1

出所）「朝日新聞」1997年1月1日

　先にも紹介した「MOW 調査」は，「働くことは，あなたにとってどういう意味があるでしょうか」と質問して，6 つの選択肢を準備した。回答者は，その各項目に合計が 100 点になるように配分するように求められたが，結果はつぎのようになっている（前が日本，後が米国）。地位や名声（5.6％―11.8％），必要な収入（45.4％―33.0％），熱中できる（11.5％―11.2％），他の人と楽しいつきあいができる（14.7％―15.2％），社会に貢献するよいみちだ（9.3％―11.4％），それ自体もともと興味深く満足感が得られる（13.4％―16.7％）。

第2章
職業の歴史

はじめに

　本書は職業を舞台にした人びとの生き方，いわば「職業的生きざま」にスポットをあてているが，この章では，少しさかのぼった時代における職業活動とそれを通じての人生や生活の実態に目を向ける。時代とともに消えていく職業がある反面で，なるほど名称は変わっているが，今につながる職業というのもある。職業は社会の必要によって登場し，変化し，消えるものもあれば，存在し続けるものもある。

　時代はそうさかのぼるわけではなく，日本については明治時代まで，外国の事情については近世のパリを覗いてみよう。文献のあるなしに左右されるのは避け難いことであるが，まず取りあげるのは『日本のシゴトロジー——近代職業文化史』である。全部で200の職業について，その生い立ちを中心に，社会や個人とのかかわり方や職業としての特性が記述されている。

　つぎの『江戸あきない図譜』には，生業としての仕事が，事業区分にそって10に括られている。続いて『パリ職業づくし』で，訳者は「あらたな発明品が生まれるたびに，多くの人が失職ないし転職ををよぎなくされる」が，「この場合もっとも打撃をこうむるのは庶民であり，これは古今東西共通の現象である」と述べているが，日本の今を彷彿とさせる。また『職業事典』では明治，大正，昭和，平成にわたる1,500もの職業が五十音順に取り上げられていく。カタカナ職業が多数リストアップされており，現代社会において職業がつぎつぎに誕生している様子がビビッドに伝わってくる。

　最後に平石直昭の論文によって，「近世日本の職業観」を概観した。

1. 「近代職業文化史」——多様な働きざま

　一言でいえば「職業的生きざま」ということになるが，その職業活動にスポットを当て，人生や生活の実態を記述した文献は多数刊行されている。インタビュー，取材，手記，あるいは観察記録等を通してわれわれの眼にとまる職業的生きざま事例は，職業研究のよい教材になっている。今日的なものが圧倒的に多いが，職業の違いに目を向けながら人びとの職業的生きざまにアプローチするうえで，歴史的な視点は欠かせない。

　松田良一は明治から平成までを視野に入れ，1991年に『日本のシゴトロジー』を出版した。この間に世に出た職業についてその特性を記述しているわけであるが，副題は「近代職業文化史」となっている。登場する職業は多彩であり，索引をみると，ア行の愛人バンクをかわきりに，芸妓（芸者），女子競輪選手，ダンサー，妊産婦預り所，婦人警察官，緑のおばさん，列車ガールと，女性にかかわるものに目を向けてもさまざまな職業がリストアップされている。全部で200はこえるであろう職業について，その生い立ちを中心に，社会や個人とのかかわり方や職業としての特性が記述されている。

　松田は何時のころからか「自分の手足を使い，その技でもって懸命に働く人々が気になりはじめた」が，江戸期に『職人絵尽屏風』『人倫訓蒙図彙』『江戸職人歌合』など職人をとらえた絵が多く刊行されていることに気づく。なかでも『人倫訓蒙図彙』は「江戸考現学」といった性格をもっているというが，西洋ではこれより100年もまえの1568年に『職業の書（身分と手職の本）』という版画本が世に出ていることに言及する。ヨースト・アマンという人の手になるもので，114の職業と人がきめ細かく描かれている（日本では1970年に岩崎美術社から『西洋職人づくし』と題されて刊行された―松田）。洋の東西をとわず，いろいろな職業とそれを通して生きる人びとの有り様は，多くの人たちにとって興味と関心の対象になっていたのである。

　松田の指摘の中で注目されるのは，「名称が異なるが昔から続く仕事」の存

在についてである。時代は変わっても，社会が必要とする仕事は急になくなるわけではない。ただ仕事の形態や職業としての要件が変容し，あわせて職業の呼び名が変わる。早桶屋と葬儀屋，公事師と弁護士，ころびとフリーアルバイター，口入屋と職業紹介，引札作者とコピーライター，歩きと便利屋，渡用人とエキストラ・アルバイター，しょいと訪問販売などがその例である。献残屋がギフトショップへ，出会茶屋がラブホテルへ，賄い屋が弁当屋へといった事例は「名称が異なるが昔から続く事業」ということになる。

『日本のシゴトロジー』は，第1章「仕事の分類」，第2章「仕事の歴史」を受けて，第3章「女性の職業」，第4章「非正業の職業」，第5章「新商売の世界」と続く。近代日本における職業通史という性格をもたせつつ，また考現学としての色彩を盛り込んでいるからであろう，新しい職業の発生に目配りしている。新しい商売の数々が，珍商売，便乗商売，代行商売，そしてアイディア商売という括りと表現で取り上げられている。いずれにしてもこの時代，新しい商売や職業が陸続として登場し，女性の職業も多数発生したようである。

先の『当世・商売往来』でアングラ職業として紹介された職業が，第4章で「非正業の職業」として取り上げられている。その1つのカテゴリーはインチキ商売，悪徳商法，非正業的職業。もう1つのカテゴリーはルンペン，乞食，売春，ヤクザである。明治から平成にいたるこの間の日本は，まさに変革と激動に直面した時代である。社会は新しい商売や仕事を大いに必要とし，また人びとはどう社会を生きていくかについて大いに思いを巡らせることになる。職業構造もまた，文字通り変動の連続だったのである。

2.「江戸あきない図譜」――生業としての職業

時代を明治・大正からさらにさかのぼり，江戸時代の職業に触れることにしよう。喜田川季壮尾張部守貞なる人物が著した『守貞漫稿』は天保から慶応にかけて「世間で行われている生業を余すところなく記録」しているというが，これを資料にして，高橋幹夫は1993年に『江戸あきない図譜』を著わした。

あとがきで，真にさまざまな仕事が生業として存在していたが，その背景は小説や歌舞伎や落語で感じ取れるだろう。この本では，江戸時代の1つの断面である「金銭を得るために江戸時代人は何をしていたのか」を会得していただけるように工夫を凝らしたつもりである，と書いている。

　生業としてのそのさまざまな仕事が，今日いうところの事業内容区分にそって，10のカテゴリーに括られている。カテゴリーに含まれる生業のいくつかを紹介しておこう。

　① 金融と流通；両替屋，銭小売り，金貸し，日なし貸し，口入れ
　② 三都の商い；伏見町茶道具屋，道修町薬種屋，境筋の砂糖仲買，縫い物師匠，便り屋
　③ 船の商売と飛脚；屋形船，大阪の茶舟，江戸の船宿，飛脚，飛脚屋
　④ 旅籠と下宿；京都の旅籠，大阪の下宿，江戸の旅人宿
　⑤ 見世と看板；屋台店，栗餅店，際物師，矢師（香具師），白粉屋の看板，紅屋の看板
　⑥ 食べ物商売；鰻屋，茶見世（水茶屋），茶漬屋，祇園豆腐，うどんと蕎麦屋
　⑦ 食を売る出商い；醤油売り，新粉細工，心大売り，寿司売り，納豆売り，白玉売り
　⑧ 技を売る出商い；磨き師，下駄歯入れ，鏡磨き，眼鏡の仕替え，按摩，大工，左官
　⑨ 出商いの色々；菖蒲人形売り，水弾き売り，印肉の仕替え，花売り，金魚売り
　⑩ 遊業の人たち；神道者，鹿島の事触れ，虚無僧，江戸万歳，獅子舞，鳥追い，掃除

　すべて現在につながっているともいえるが，後尾3カテゴリーに登場する「出商い」には興味がそそられる。出商いというのは，要するに町を出歩いて商売をするということ。固定費をかけて店を構えることはしない，主体的に働

きかけることを通して販売対象を摑むということで，いわば庶民相手の商売である。いくつかのものを紹介しておこう。

〔雪駄直し〕革紐，裏革などすべての履物の修理をする。京阪では「なおし，なおし」，江戸では「でい，でい」といって廻る。でいでいとは手入れ手入れの訛。京阪は新品ももち歩いて売る。

〔紙屑買い〕反古，帳簿の古くていらなくなったものなど紙屑を買って歩く。紙屑だけではなく，古着，古い銅や鉄製品などもついでに買う。京阪の呼び声を「て（ち）んかみくずてんてん」。てんてんとは古手を略した言葉。古手は古着ともいう。紙屑や古い銅や鉄製品なども秤にかけて買う。この人たちが背負って来る篭は，京阪では低くて丸く，上に麻の風呂敷を置いてある。江戸は丸いのも四角いのもある。この四角い篭は御前篭といって，仕出料理などによく使われる。

〔鳶人足〕京阪でいう手伝い人足。仕事師，手間の者ともいう。武家で録を与えるのは手間といい，一般には仕事師，『守貞漫稿』には「或いは鳶と呼ぶ。この鳶というう呼び名はある本によれば，鳶口をもって作業をするからだとある」と記してある。

一日の雇い銭三百文。朝出などは割増金を出す。この仕事の人は，平日でも印半纏を着てめくら縞の腹掛け，股引に，同様の足袋が白足袋を履き，草鞋か草履を履く。近頃は麻裏草履が一般的で侠客のような姿をする。

最後の「遊業の人たち」の箇所で，高橋はこう書いている。遊業とは宗教上の言葉として使ったわけではない。小路などをそれぞれの考え工夫で芸をして歩いてその日のなりわいを稼いだことをいうが，こういう人たちが存在したことそのものが江戸時代といえる。つまり，ゆとりがあり，生活に潤いがあったのだ。明治になって一番なくなったのはこれではないか。教養の乏しい人たちが率いた政府のなせるわざともいえる。現在，その結果が世界のひんしゅくをかっているのではないだろうか，と。

つまり職業を通して社会風俗を知り，また時代を認識することができるとい

うことであろうか。職業は社会からの必要性に根ざし，人びとの趣向を反映したものだからである。

3. 「パリ職業づくし」――より以上の知恵の発露で消えていった職業

　職業は世につれ，世は職業につれということであろうか，社会の必要に応じて新しい職業が登場する一方で，人びとの生活に便利さを提供してきた職業が巷から消えていく。北澤真木訳『パリ職業づくし』は，その消えていく部分に焦点をおいた職業物語である。時代の波間に飲み込まれた100をこえる昔の職業が，公文書，警察調書，昔の辞典，大作家・新聞記者・歴史家・法律家・経済学者・説教師らの残した文書や証言などを交えながら掘り起こされている（原著は1968年に刊行された）。

　訳者あとがきに「それら職業が不用になった事実を通して，人類の進化の歴史をかい間みることができる」とあるが，「より以上の知恵の発露で消えていった職業」という記述に心をうごかされる。「人類の歴史は発明の歴史でもある。あらたな発明品が生まれるたびに，多くの人が失職ないし転職ををよぎなくされる」が，「この場合もっとも打撃をこうむるのは庶民であり，これは古今東西共通の現象である」。放棄に放棄を重ねる人類の進化の歴史は，代償として無数の犠牲を強いる結果になったとして，著者ロレンツ（Lorenz, P.）はこう書いている。

　　百年後に！　見知らぬ，予測できない多くの職業が現在の我々の職業にとってかわり，今度は我々が好奇心と過去の思い出の対象となるであろう，百年後に！

　職業の世界も有為転変というところであろうが，登場する職業は，14のカテゴリーに区分されている。必ずしも職業名がリストアップされているわけではないし，職業名であっても仕事の内容が連想できるものばかりではないが，

第2章　職業の歴史　35

目次を転記しておきたい。

① 過去の呼び声；パリに飛び交う物売りの声，公示屋，葬式通報人，葡萄酒の呼び売り，又売り家，貸し傘屋，ウーブリー！　ウーブリー！，ジュースいらんかね！，ブレジュール！，ガーラス！

② ペンと筆；写本師と写本装飾師，代書人，宿舎学校の教師，左官修道師

③ 早打ち；飛脚，鮮魚運搬人，宿駅長，駅馬車監督・御者・騎乗御者，辻馬車

④ 昔のアトラクション；大道芸人・道化師・軽業師，嘆き節と流しの歌うたい，透視画師，幻燈，野外ダンス場からカフェコンセールまで，影絵芝居

⑤ 職工たち；釘工，ヤスリ工，鉄とアルシャルの製線工，鉛管工，網職人，鉄の錠前屋と真鍮の錠前屋，堅牢染めと簡易染め，手編みの長靴下，織工，リヨンの絹織物工の暴動，からくり人形，パリの玩具

⑥ 火にまつわる仕事；点火器売りとマッチ売り，消燈持ち，煙突掃除婦，蠟燭の芯切り係，街頭点火夫，皮革・薫製業者，蜜蠟燭師，炭焼き

⑦ 戦争；鎖帷子と兜，募兵官，外人傭兵，糧秣供給人・女性従軍商人・仕出し女

⑧ 行商人；担ぎ屋，強物師と流しの研ぎ屋，木地屋とほうき屋，古着屋，染め抜き屋，床屋，鋳物師・錫引工・るつぼ師，陶器屋の修繕屋，水脈占い師，麻すき工

⑨ 民間医療師と刑の執行人；喫湯店の主，薬草師，テリアカ売りとオルヴィエタン売り，理髪外科医，錬金術師，振動装置，健康酢と化粧酢屋，抜歯屋，高級執行人，拷問執行人，ピロリ

⑩ ファンシーグッズ；袋物屋と股袋屋，手袋屋と香水屋，パステル，ハーフビーバーの山高帽，ヴェルチュガードとクリノリン，ツケボクロ師，飾り皿の砂型工，髪結い見習い

⑪ 水上で；天体観測儀と砂時計，水上商人，海賊と私掠船の船長，川船，

川で洗濯，洗濯船の「女親分」，曳船馬
⑫見張り；職人夜警，街区長，夜回り，徒刑囚の看守
⑬苦役；担ぎ人足，王様のおまる係と棉係，「足踏み」，水売り，駕篭かき，人力車，人力夫，貸し風呂屋，移動便器
⑭女性の仕事；糸紡ぎ，泣き女，ランジェリー，羅工，コテ女，アトール，花売り，モード商人，刃物売り，乳母

　ここにリストアップされた職業は，この名前のまま残っていることはないだろうし，仕事の内容や要求される能力もそのままということはないだろう。だが，すべてが社会から消え去ったというわけではなく，名称や形を変えて今につながっている職業もまた多いのだろう。「江戸あきない図絵」からはその点を学習したわけであるが，職業が時代とともに変遷していくことは，いずれにしても明らかなことである。

4. 「職業事典」──職業の技術的側面

　『日本のシゴトロジー』を刊行した2年後，松田は引き続いて『近代日本職業事典』を公にした。前著が通史的記述で「仕事や業務内容など一つひとつの職業の内側を書くことができなかった」ことが刊行の動機であると述べている。1,500もの職業が五十音順に取り上げられていくが，はじめて聞く職業もたくさんある。どんなことでも商売になることをあらためて知らされる思いだが，カタカナ職業が多数リストアップされており，現代社会において職業がつぎつぎに誕生している様子がビビッドに伝わってくる。

　仕事の内容とともに，それぞれの職業に関して商売・商法，特異な営業，就職上必要とする国家資格・民間資格，関連用語などについても解説があり，挿絵や写真図表も挿入されている。「職業の実態を分かりやすくなるように努めた」と凡例に書かれている。

　いくつかの職業について，解説の内容をみてみよう。

　〔歩き〕江戸末期から明治初期，お金をもらっていろいろな用事を果たす者

をいった。

いわゆる便利屋のことで，主に町内の番小屋に勤める番太郎や貧しい人が内職とした。

〔テープおこし業〕テープに録音されたインタビューや講演などを，文章に直す仕事に従事する人。談話編集士ともいう。出版，印刷業界の原稿のテープ化，フロッピー化で盛んになった。また企業メセナで印刷物が急増したのも，テープおこしの注文が増えた理由。作家や文化人の中には講演や対談を活字にするのを嫌う人が多いが，それは話し言葉がそのまま書き言葉にならない要素を含むからである。平成4年2月，テープおこし業者が集まって日本記録業協会が設立された（「朝日新聞」平成4年3月1日）。

〔メークアップアーティスト〕映画俳優，テレビタレント，また映画，テレビ，舞台，ポスター写真用のモデルのメークアップに従事する人。フェースクリエーターという言い方もある。

〔妾〕本妻のある人から手当てをもらって生活する人。てかけ，二号さん。妾には外妾と内妾があり，内妾は正妻とともに夫と同居する妾，外妾は正妻とは別居する妾で，囲い者ともいう。正妻は，外妾の場合は無視した態度をとるが，内妾なら彼女たちの上位に立ってある程度支配しようと努める場合がある。また「めかけ」の場合は，目をかける，つまり男が心に寄せて妾にするという意味があるのに対して，「てかけ」の場合は，家で使っていた女中などの使用人に男が何かの拍子で「手をかける」（性的交渉をもつ），その結果妊娠などしてしまい，後始末として妾にするという意味がある。

妾は，原則的に一夫一婦制を夫婦の形式とした明治期には，公に認められないものであった。しかし，前代から有力者が妾をもつのは「男の甲斐性」という考え方があり，また，女性の中に男性に依拠してゆく生き方から抜け出せない者もあり，妾は存在し続けた。森鷗外『雁』（明治44〜大正2）や，樋口一葉『わかれ道』（明治29）など，当時の妾になる女性たちの境遇が彷彿とする作品もある。『わかれ道』には「三つ輪に結って総の下がった被布を着るお妾

さま」とあるように，当時は典型的妾スタイルも存在した。

　妾は公に認められないものの，存在がある程度社会的に認知されており，とくに明治初期には権妻とよばれ，正妻並に扱われていた妾もあった。法的にも庶子という存在が認められ，庶子の母である妾も暗に認められていたという。とくに「明治民法」（明治31・6）の第970条4項には，……以下略。

　『職業事典』には，巻末に「近代・現代の職業を考察するのに重要と思われる関連書」が，参考文献として多数記載されており，その数の多さにはいささか圧倒される。職業の特性分析や職業的生きざまに寄せる人びとの強い関心が，今にはじまったことではないことは，このことだけからもよく了解される。明治と大正にかぎっていくつか紹介すれば，『開花諸職往来』（明治12），『東京諸職業道案内』（明治22），『男女自宅職業独覚』（明治26），『女子の新職業』（明治38），『職業案内全書』（明治44），『現代生活職業の研究』（大正11）など。ちなみに，昭和の初期に今日いうところのコミックスの題材として職業が描かれている（『職業づくし―現代漫画大観8』昭和3）。

5. 「近世日本の職業観」――職分としての職業

　職業には「生業」という要素がある。それによって人びとが生計をたて，経済生活をつつがなく送っていくという側面である。『江戸のあきない図譜』において紹介されているのは，文字通り職業のそういう側面である。いっぽう『職業事典』においては，どちらかといえば職業の技術的側面がクローズアップされている。どんな仕事の仕方をするのか，どんな技がそれぞれの仕事にとってポイントになるのかに焦点がおかれている。

　加えて職業には，それを通して社会的役割を遂行するという側面がある。社会的な分業構造に組み込まれることを通して社会とかかわり，社会の一員あるいは一人前の社会人として社会的必要性に応えていくという職業の要素である。職業がもつこの種の要素は，職業が人びとの生き方や人生とどうかかわるかと

いった側面とともに，正面からは取り上げられてきていない。しかしわが国の場合にも，近代西洋の場合と同様に，職業の社会的側面は人びとのあいだで意識されていたようである。このことを平石直昭は，職業観にみられる「生業と職分の相互浸透」という視点から検討している。

　つまり平石は，近世の日本は「人がそれによって生計を立て，また自己の生を意味づけてゆく仕事や業務，あまいは社会的機能をさす観念として多くのことばをもっていた」とし，その例証として産業，生業，家業，家職，職分，活計といった用語をあげている。和語の「なりはひ」「すぎはひ」「つとめ」「わざ」もそうだし，「職」や「業」もまたこの部類に入ると指摘している。職業ということば自体は近世後半期ないし幕末維新期になってからであるが，近世中期に至るまで，日本では「生業型の職業観」が支配的だったということである。産業，生業，なりはひ，渡世，すぎはひ，活計といった用語が使われるとき，職業は「自己および自己が所属する家族の生活手段を得る手だて」として理解されているわけである。

　いっぽう「職分型の職業観」とは，「全体としての社会生活の再生産に必要な部分的機能の遂行，すなわち各自に課せられた対社会的や役割分担の意識」に立脚するもので，近世日本の場合，ことばとしては奉公，役，つとめ，職分などが使われていた。平石は近世の日本にはもう１つ「天職型の職業観」が存在することを指摘するが，いずれにしても『江戸のあきない図譜』や『職業事典』において焦点になったのは，生業としての職業でありその活動内容にあるが，個々の職業がもつ特性や実態をよく浮き彫りにしている。さまざまな職業を歴史の中で描写し，職業を文化として捉えている点からして（文化としての職業），文字通り職業の文化史というにふさわしい。

第3章
職業活動の帰結

はじめに

　人びとの人生の処し方やライフスタイルは，どんな職業に就いているかによって異なる。食事の仕方やファッションはいうに及ばず，言葉づかい，交友関係，余暇の過ごし方，将来への展望や夢にいたるまで異なる。この章ではそれを，職業活動の帰結という側面から検討してみる。

　それは職業がもたらす効用，報酬，便益，役得として理解することもできる。職業活動に従事することで，生活が安定し，規律正しい日常生活ができ，多くの人びとと交流するチャンスを獲得し，潜在能力を開花させることができる。あるいは社会とのつながりができ，世界のうごきが認識でき，社会的地位が確保できるといった効能がある。また得られる生活満足の高さや満足の質も，就いている職業によって異なるだろうし，職業ごとの価値観の違いもまた厳然と存在する。

　時間と空間と関係と金銭とは生活をしていくうえでの貴重な資源であるが，これらをどれほど保有するか，逆にどう消費するか，それらをどれほど自分でコントロールできるかといったことも職業によって異なる。職業がもたらす帰結は，社会階層論にそくしていえば，社会的資源の大小と置き換えることができる。

　第3節のタイトルは「職業は人を選ぶ」となっている。「人が職業を選ぶ」という捉えかたが常識となっているが，実は「人は職業によって選ばれている」のである。求められる専門的な知識や技量，スピリットやマインドを身に付けていない人はお断り，と職業は当事者に要請していることを承知しておく必要があろう。

1. 職業のアウトプット

　人生についての考え方や日々の生活への意識は，職業によって違いがあるだろう。人生の処し方や生活様式に対して，職業は，経済力や教育歴（ないし知識力）などに劣らぬ影響をもっているだろう。どんな人と交流し，日曜日をどう過ごし，どんなファッションを身に纏うかなど，ライフスタイルそのものがその人の就いている職業によって異なっているだろう。職業研究にあって，こういったテーマは見過ごせない視点である。

　両者のかかわり方にどれほど職業が影響力をもつかは当事者個人によって違ったり，その人がどんな姿勢で職業に臨むかによっても異なる。つまり主体の側の要因がからむが，職業そのものによって規定される要素は大きいだろう。たとえば3K（危険，汚い，嫌い）に該当しそうな職業だったら，当事者がよほど努力をし工夫をしないと，達成感やそれを通しての能力伸長感はさほど満喫できないだろう。

(1) 個人的な帰結

　職業に就くことによって，人びとはさまざまな資源を獲得することができる。職業がその担い手にもたらす経済的・社会的資源を，ここで「職業のアウトプット」ないし「職業的帰結」と表現しておこう。職業がもたらすいろいろな効用・報酬・便益・役得のことであり，職業活動から当事者が受けとる還元ないし見返りのことであるが，その種類と質量は職業によって違いがあろう。

　職業が，その当事者に付与するアウトプットとしては，
- 経済面で生活の安定を得させる
- 日常生活に規律とリズムをもたせる
- 多くの人びとと交流し，交際するチャンスを得させる
- 物事を成就し，課題を達成することの満足感を体得させる
- 個々人の可能性や潜在能力を開花させる

- 人間としての成長を実現させる
- 世間の注目をあび，出世することへの欲望を充足させる

などがごく一般的なものとして例示できる。ただこれらは個人サイドにかたより，総じていえば人生にバリエーションを与え，生きていることを実感させてくれるといった内容のものになっている。

もう少し社会性をもったアウトプットということになると，
- 人びとと協働することの大切さを実感させる
- 社会とのつながりを保証する
- 社会の動向や世界のうごきを認識させる
- 社会人としての自覚をもたせる
- 社会的地位が付与させる

といった効能があるだろう。常識的には，経済的報酬を獲得させてくれることが職業活動の最大のアウトプットであるが。

職業の選択にあたって，人はそれぞれの職業について，それがもたらすアウトプット（職業的帰結）についていろいろと思いを巡らせることになる。たとえば職業ドキュメントの類を読んで先人たちの実績や足跡を知る，知人の体験談を聞く，意識調査等の報告書に当ってデータを調べる，「職業ハンドブック」などガイドブックを入手して解説を読むといったことをして，どんな職業がどんなアウトプットをもたらしてくれそうかを探るだろう。つまりどんなメリットや報酬や効能がその職業に就くことによって得られるかを推量し，就くべき職業に関して一定の判断をするという過程を踏む。

ただしどんなアウトプットがそれぞれの職業から期待できるかが判定できても，それが自分の願望や価値観に合致していなければ，実際にその職業に就くことにはならない。職業選択の主体はあくまでも当の本人であり，願望がどれほど充たされるかが選定の基準に入ってくる。自分が強く志向する欲求ができるだけ多く充足できそうな職業にあたりをつけ，そういった職業を選定しようとするだろう。

図表 3-1　人の欲求（例示）

(イ)　意味を求める欲求……………①優れた伝統に触れたい，②美しいものを求めたい，③社会のために役立ちたい，④自然に親しみたい，⑤教養を身につけたい

(ロ)　主体性確立欲求………………①創造性を発揮したい，②個性と独自性を身につけたい，③自律性を高めたい，④技術を身につけたい，⑤身体を強固にしたい

(ハ)　関係安定性を求める欲求……①他人との関係を滑らかにしたい，②仲間と一緒に楽しみたい，③友人をつくりたい，④自分の思っていること・知っていることを他人に伝えたい，⑤他人から誉められたい，⑥他人に自分のことを自慢したい

(ニ)　変化と進歩を求める欲求……①冒険をしたい，②気分の転換をしたい，③他人より抜きん出たい，④幸運をつかみたい，⑤新しい経験をしたい

　われわれは，図表3-1に示されるような欲求を多かれ少なかれ抱いているが，そのすべてが職業活動を通して充足できるわけではないし，また充足すべきとも考えない。日常生活を通して充足したり，趣味としてあるいはライフワークとして取り組むことによって実現していくことになる。それでも，ある職業の選択に当たって，たとえば(ハ)の欲求は，あるいは(ロ)の①から⑤のうちのどれどれの欲求は「相当程度充足される」（〇）か，それとも「わずかだが充足される」（△）か，「ほぼ関連はない」（？）のかとチェックしてみる。人は，常識的には，〇がたくさんついた職業を選定しようとするだろう。

(2)　満足度と満足要因

　意識調査のデータを当たってみると，たしかに職業区分によって，人生や生活や仕事に関する満足の度合いには差がある。総理府が毎年実施している「国民生活に関する世論調査」は，生活の各面での満足度を収入・所得，資産・貯

第3章 職業活動の帰結　45

図表3-2　職業別資産程度
―生活を支えている者の職業別―

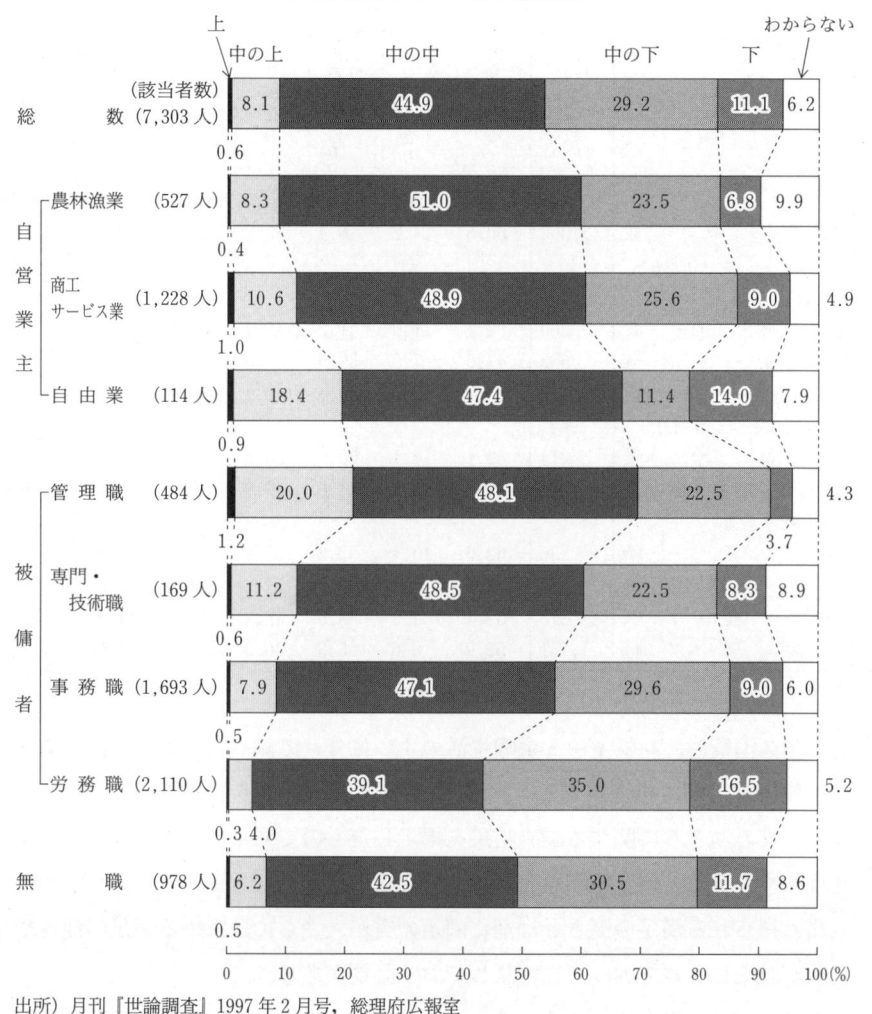

		上	中の上	中の中	中の下	下	わからない
総数	(7,303人)	0.6	8.1	44.9	29.2	11.1	6.2
自営業主 農林漁業	(527人)	0.4	8.3	51.0	23.5	6.8	9.9
自営業主 商工サービス業	(1,228人)	1.0	10.6	48.9	25.6	9.0	4.9
自営業主 自由業	(114人)	0.9	18.4	47.4	11.4	14.0	7.9
被傭者 管理職	(484人)	1.2	20.0	48.1	22.5	3.7	4.3
被傭者 専門・技術職	(169人)	0.6	11.2	48.5	22.5	8.3	8.9
被傭者 事務職	(1,693人)	0.5	7.9	47.1	29.6	9.0	6.0
被傭者 労務職	(2,110人)	0.3	4.0	39.1	35.0	16.5	5.2
無職	(978人)	0.5	6.2	42.5	30.5	11.7	8.6

出所）月刊『世論調査』1997年2月号，総理府広報室

図表3-3　職業別ゆとりの有無

―職業別，生活の充実感の有無別―

	該当者数	ゆとりがある	かなりゆとりがある	ある程度ゆとりがある	ゆとりがない	あまりゆとりがない	ほとんどゆとりがない	わからない
	人	%	%	%	%	%	%	%
総　　　　　数	7,303	60.6	14.2	46.4	38.7	28.4	10.4	0.7
〔職　　業〕								
（自営業主）								
農　林　漁　業	260	53.1	11.9	41.2	45.4	31.5	13.8	1.5
商工サービス業	585	47.0	7.5	39.5	52.8	34.7	18.1	0.2
自　　由　　業	76	53.9	13.2	40.8	43.4	30.3	13.2	2.6
（家族従業者）								
農　林　漁　業	214	62.1	12.1	50.0	36.4	27.6	8.9	1.4
商工サービス・自由業	361	49.6	8.0	41.6	49.9	31.9	18.0	0.6
（被傭者）								
管　　理　　職	230	62.6	10.4	52.2	37.0	27.8	9.1	0.4
専門・技術職	82	48.8	8.5	40.2	51.2	39.0	12.2	―
事　　務　　職	1,278	51.1	4.5	46.6	48.7	37.3	11.3	0.2
労　　務　　職	1,751	52.9	6.6	46.3	46.5	34.9	11.7	0.6

出所）月刊『世論調査』1997年2月号，総理府広報室

蓄，耐久消費財，レジャー・余暇生活の4つに分けて調べているが，自営業主と被傭者等の間で相違がある。図表3-2，3-3は1996年の調査における，資産程度とゆとりに関する調査結果を掲示したものである。どう違うかは主題ではなく，違うという事実を確認するのが目的である。

　また得られる満足の高さとは別に満足の質が，さらには求める満足の性質や種類が職業によって違う点に留意しておく必要があろう。

　これには2つの方向がある。1つは，そういう性格の人だからあの職業をえらぶ，これこれの願望を実現しようとして○○の職業に就いたという側面。もう1つは，☆☆の職業に長年従事していたことによって，これこれの願望を強

く抱くようになったという側面である。この両面が相互に作用しあいつつ，就いている職業によって充足を期待する願望の性質に違いがあるということである。ワイス（Weiss, R.）とカーン（Kahn, R.）とは，実態調査をふまえ，①未熟練で社会的地位の低い労働者たちは収入の高さが満足の源泉になる，②鉱夫たちは自然環境とのたたかいに挑みこれを征服したときに満足感をもつ，③熟練した職人たちは仕事にたいする誇りと自尊心が充たされるとき満足する，④販売員はあれこれ思案をめぐらしたり社交や友情交換の機会を持つことに満足をおぼえる，⑤医師は仕事が公共へのサービスにつながる点に満足している，と指摘している。

いずれにしても何を求めて人は働くか，どんな動機で仕事を選ぶかに関する多くの調査は，一般に職業による違いを説明している。つまり価値観の違いが職業を選ばせるということをいっているのだが，逆にどの職業に就いているかによって人びとの価値観が違うという意味で，職業ごとの価値観もまた厳然と存在する。

(3) ライフスタイル

職業の遍歴は人生願望にもとづく生き方の選択と理解されるが，衣食住の生活様式（日常的ライフスタイル）は選択した職業によって大きな影響を受ける。ホッファー（Hoffer, E.）にとって，沖仲仕という職業は自由と運動と閑暇と収入という4つの要素を適度の調和をもってもたらしてくれるものであったが（邦訳『波止場日記』），生き方の選択として選んだ職業はこのように人びとの日常の生活様式を規定する。ここでは時間と金銭と身体活動という要素への言及にとどまっているが，どんなファッションを身にまとい，どんな料理をどんな場所や雰囲気の中で食するか，どんな環境にどんな住宅を構えるかといったことも職業とかかわることになる。

生活を構成する要素は，生活構造論からすると時間と空間と関係と金銭ということになるが，これらはいずれも生活をしていくうえでの資源である。時間

を例にとれば，自由時間がどれだけとれ，自分のために日々どれだけの時間を割けるかと問いかけることによって，時間がいかに生活にとって有力な資源であるかが分かるだろう。仕事に費やす時間それ自体が職業によって異なるのみならず，仕事以外の時間をどのような分野にどれほど使い，それを通してどれだけ生活をエンジョイできるか，総じて時間をどれほど自分でコントロールできるかが職業によって異なる。

また関係というのは，どんな知人や友人をどれほどもち，どんな交流関係をむすび，そこからどんな満足を得ているかという点にかかわるが，これがまた職業によって違った様相をみせることになる。さらにまた空間や金銭といった生活資源を生活の中にどう位置づけ，自分の人生にどうつなげていくかが職業によって異なるであろう。

生活を構成している要素は，また生活行動論から説明できる。日常生活の全体は，食事，身の回りの用事，睡眠，家事，交際，趣味・娯楽，学習（情報の蒐集，知識の習得），移動，休憩，そして仕事ないし労働といった諸活動の集積である。これら生活行動の各領域に，時間・空間・関係・金銭といった生活資源をどう配分するか。われわれの生活実体とは，その配分の仕方そのものだといってよい。

たとえばある職業に従事する人は，交際という行動領域の質量を充実させることに高い関心をもち，その領域に時間と金銭という生活資源を大量に投入する傾向がある。外交や営業にかかわる職業のほか，政治家やジャーナリストなどもそうであり，多くの時間を割いて人脈の輪を広げて関係（ネットワーク）の確立に腐心する傾向がある。

また別の職業に従事する人は，情報の蒐集や知識の習得など学習という行動領域を充実させるために，たとえば立派な書斎や制作室を装備するなどして空間領域に多額の金銭を投入する。研究者や著述家がそうであろう。

こういったことに関する一般的データとして，時間に関してはNHKの生活時間調査，金銭に関しては政府の家計調査，また交際に関しては社会集団へ

の所属状況調査等がある。しかしそれらデータは職業別に詳述されているわけではないので，こういった問題意識を実証研究におとしこむことには独自の方法論が考案されなければならない。居住地区，服装や言葉，生活態度や行状といったこととの関連となると，事例研究に頼ることになる。

2. 社会的ポジション

職業には，社会が必要とする仕事を，個人として分担しているという側面がある。社会は人びとの分業によって成り立っているわけであり，それに対する意識の濃い薄いという差はあるにしろ，結果として個々人は社会的役割の一端を担っていることになる。その意味で，職業は人びとの社会的ポジションを表している。どんな職業に就いているかを通して，社会の中でその人がどんな役割をとり，どう責任を果たしているかが知れる。はじめての人に職業を尋ねるのは，その人となりや生活の様子のみならず，社会的ポジションを知ることができるからであろう。

産業社会においては職業が社会的地位の決定因になっているとスーパー (Super, D.) は述べるが（邦訳『職業生活の心理学』），ムーア (Moor, W.) は富と収入，生活のレベルとタイプ，集団への帰属関係など社会的地位を規定する要素の多くが職業とつよく結びついていると指摘している。アメリカでは職業を社会的地位との関連で把握することへの関心が高く，階層論からの職業研究が早くから取り組まれている。

(1) 社会的地位指標

職業が社会的地位指標として認識され，職業に階層概念が適用されることになると，自らの社会的地位を高め，社会的評価を向上させるには職業の選択と移動が必要となる。産業社会の到来とともに社会的移動が活発化するのはその理由によるが，それにつれ，職業研究には社会的移動の研究がセットされるようになっていく。わが国では1950年代初期に尾高邦雄や西平重喜によって

「わが国六大都市の社会的成層と移動」「社会的評価にもとづく職業分類の試み」などの論文が書かれ,『職業と階層』(尾高, 1958) が刊行された。このテーマを主題にすえた研究調査は, 1955年以降今日まで「社会階層と社会移動に関する研究調査」(SSM調査) として10年間隔で取り組まれている (富永1979, 直井他1990, 原2000)。

　仕事に従事する人びとについてよくホワイトカラーとブルーカラーという区分がなされるが, 諸外国ではこの2つにサービスとファームを加えた4つで職業を区分し, かつこれが社会的地位指標になっている場合が多い。

　これら4つの職業カテゴリーのちがいは, まず仕事の対象に見出せる。ファーマー (農業従事者) にとっては土地に代表される「自然」とそこからの産物が主なものである。サービスの場合は, もっぱら「人」が仕事の対象となる。ブルーカラーの場合は道具, 装置, 原材料, そして製品といった「モノ (物)」である。そしてホワイトカラーの場合は, 文字・数字・図形・音声などの情報, そして理念・思想・ビジョン・目標などの観念, 要するに「シンボル」が対象となる。

　つぎに労働の性質ないし仕事の態様という点からすると, ファーマーとブルーカラーはもっぱら身体を駆使する。エネルギーの放出という面からするとマニュアルワーク (筋肉労働) が主流を占める。いっぽうサービスに従業する人びとの場合は, 気持ちや心を遣う割合が高い。顧客や取引き先の感情や気持ちをおもんばかって心をくだき, 気配りをするなど精神的エネルギーを費やすことになる。そしてホワイトカラーの場合は, むろん職場の人間関係にも大いに気をつかうのであるが, その割合からするとブレインワーク (頭脳労働) の占める比重が大きいであろう。サービスに従業する人びとについては, 顧客のところへ足しげく通うという面をクローズアップすれば足も駆使することになるし, ホワイトカラーの場合にはペンを走らせパソコンやワープロを叩くという行動に目を向ければ, 手の活動にも目を向ける必要性がでてくるだろう。したがってここでの説明は, あくまでも相対的なものである。

このように仕事の対象や労働態様のちがいが，ホワイトカラー，ブルーカラー，サービス，ファームという4つの職業区分をつくりだすが，実はそれぞれの職業がもたらす帰結がまた職業区分を反映している。たとえば得られる収入の多い少ない，そして職業を通して実感できる満足の度合いなどは，職業的帰結の重要な側面を構成するものとなろう。

(2) 社会的資源獲得のチャンス

職業がもたらす帰結は，社会階層論にそくしていえば，社会的資源の質量と置き換えることができる。社会的資源の質量とは，

(イ) 経済的にどれほど豊かであるか（収入，資産）

(ロ) 文化的資産をどれほどもっているか（知識，教養，技術）

(ハ) 関係財にどれほど恵まれているか（交友関係，人脈）

(ニ) 社会的威信がどれほど高いか（威厳，信頼）

ということに関連する。どの職業に就くかによって，これら社会的資源を獲得するチャンス，そして現にそれを保有している大きさに違いがある。人びとは職業を選択し選定するにあたって，社会資源的職業アウトプットにも目を向けることになろう。職業社会学のうち，こういった職業要素に着目するのが職業階層論であるが，ホワイトカラーとブルーカラー，あるいはマニュアル・ワーク（筋肉労働）とノンマニュアル・ワーク（非筋肉労働）とのあいだには，階層論的にみて職業アウトプットに格差や段差が存在するかもしれない。それはいったいどのようなものであろうか。

1965年に策定された「SSM総合職業分類」は，職業を「産業，従業先の規模，狭義の職業，従業上の地位という4次元を総合してはじめて把握できる」という考え方に立って構想された（安田・原，1982）。（広義の）職業が自営業か雇用者かに大別される点と，雇用者が従業先の企業の規模によって区分される点に特徴がある。詳細は省くが，大分類レベルでは，農民層，自営業層，専門的職業，管理的職業，大企業ホワイトカラー，中小企業ホワイトカラー，大

図表 3-4　SSM 総合職業分類

業主・役員	家族従業者	官公・大企業 (千人以上)	雇用者中企業 (30〜999人)	小企業 (29人以下)
01 農業主	02 農業家族従業者	21 大企業専門職	22 中小企業専門職	
03 林業主 (0〜4人)	04 林業家族従業者	25 初等・中等教員		
05 漁業主 (0〜4人)	06 漁業家族従業者	26 各種学校教員		
11 単独業主 (0人)	12 小営業家族従業者	31 大企業管理者	32 中小企業管理者	
13 小営業主 (0〜4)				
15 小企業主 (5〜29)	16 中小企業家族従業者	41 大企業事務	51 中企業事務	52 小企業事務
17 中企業主A (30〜299)		43 〃販売サービス	53 〃販売サービス	
19 〃 B (300〜999)		48 官公保安		73 小企業販売サービス
91 大企業経営者		61 大企業役付労務者	71 中企業役付労務者	74 小企業労務者
92 自由業主		62 大企業一般〃	72 中企業一般〃	
93 兵役		65 大企業単純〃	75 中小企業単純労務者	
94 武士			77 日雇労務者	
97 学生		81 大企業農業労働者	82 中小企業農業労働者	
98 無職		83 大企業林業〃	84 中小企業林業労働者	
99 DK		85 大企業漁業〃	86 中小企業漁業労働者	

1) 5人以上の林・漁業主は中小企業主に含める
2) 大企業経営者は1,000人以上の業主・役員
3) 自由業家族従業者は12（16）に入れる
4) 職業軍人は雇用者とし、31, 48 に入れる
5) 大学高専教員は規模を問わず21に入れる
6) 81〜86の農業・林業・漁業労働者とは、産業ではなく職業による

出所）安田三郎・原純輔『社会調査ハンドブック』有斐閣, 1982年

企業ブルーカラー，中小企業ブルーカラー，農林漁業労働者，その他という10の職業がクローズアップされた。結果として，いわば階層論的職業分類というにふさわしい職業分類になっている。大企業経営者・自由業・兵役などは一括してその他に，また大学と高専の教員は大企業専門職に組み入れられている。

このSSM総合職業分類は，雇用者が著しく増えたこと，なかでも企業組織に勤務する人びとの数が増大した現実に対応して構想されたとみられる。企業勤務者を一束にしておかないで，まずホワイトカラーとブルーカラーという区分によって，ついで大企業と中小企業という区分によって層化したのが特徴である。この各層ごとに，社会的資源の現在保有高と，将来における獲得のチャンスに顕著な差があるという認識がベースになっている。

サラリーマン（主として会社員）を1つの職業と捉えるなら，社会的資源の現在保有高と将来における獲得のチャンスについて，一般にどんなことがいえるだろうか。つまりサラリーマン（主として会社員）は，経済的ならびに文化的な資産をどれほど保有し，また関係財や社会的威信をどれほどもち合わせているだろうか。他の職業とくらべて社会的資源を獲得するチャンはどれほど大きく，逆にどれほど劣るかということである。

よくいわれるのは，日本のサラリーマン（会社員）はその活動の舞台が会社の業務にかぎられ，行動範囲が会社の人脈の中に収まっているという点である。とすると人的資産としての関係財は，少量で偏ったものにならざるをえない。よく指摘されるように，ゴルフ場でも結婚披露宴でも顔を合わせるのは会社の同僚。そうなると，人びととの交流や情報交換が本来もたらしてくれるであろう知識創造の可能性が，この場合は期待されないということになってしまう。近年サラリーマン社会において，異業種交流やネットワークを通しての人脈づくりが盛んになされているのは，そのことの反動という側面があるだろう。

また日本のサラリーマン（会社員）が，文化資産を豊かに蓄積しているとは判断しにくい。読書を楽しむこと，美術や音楽を鑑賞すること，ボランティア

活動で地域社会に参加することなどに十分時間を割いていないことは，多くのデータが示している。関係財のみならず，文化財もまた充分に蓄えているとはいえないのが実情であろう。

職業を通して獲得できるものとして経済的資源がもつ比重は大きいが，他の職業に比べて日本のサラリーマン（会社員）がこの社会的資源をより大きく，またはより小さく保有しているかに関しては，早急には結論がだせない。したがってここでは，深入りは避けたい。

3. 職業は人を選ぶ

職業に就くことによって，当事者は物心両面にわたっていろいろな報酬を受領し，また職業からさまざまな影響を受け，規定もされる。そのいっさいを職業的帰結ないし職業活動のアウトプットと名付け，これまでその主要なものに言及してきた。この捉え方は職業文化論がもつ独特な視点であり，職業ごとの職業的帰結に大きな関心をよせ，職業ごとの職業特性をこの側面から把握しようとする。ただし人に対する職業からの影響と規制は，「職業が人を選ぶ」ことを介してのことである。

職業選択といえば，通常その主題は，どんな人がどんな職業を選び，どんなパーソナリティの人はどんな職業に就くかである。つまり「人が職業を選ぶ」という考え方であるが，実は職業が人を選ぶという側面がまたある。顧客が店を選ぶのではなくして，店が顧客を選択するというマーケティングの現代的現象に似ている。それぞれに職業は，ある種の人物や特定のパーソナリティを，適材として求めているのである。つまり職業とその担い手との関係に注目すると，職業がそれに就いている人にもたらすもの（職業的帰結）が違うのみならず，職業がその担い手に要請するものが違うということである。

それぞれに職業がその担い手に要請するものは，一言で資格要件といったらよいであろうが，内容的には2つが区分できる。1つは知識・技術といった当事者の能力にかかわる側面であり，もう1つは意識や態度にかかわる側面であ

る。

　前者の知識や技術に関する資格要件のほうは分かりやすい。わが国には国家試験に合格しなければならない職業が500種類以上ある。教員，司書，警察官，税理士，航空管制官，医師，弁護士，ボイラー整備士，（1級・2級）建築士，不動産鑑定士，騎手，美容師といったポピュラーなもの以外にも多数存在する。

　後者は人生への姿勢，社会意識，精神的構え，仕事への態度といった，いわば人びとの思考・行為様式に関する資格要件である。早起きや深夜労働など生活の仕方について，コツコツと人生を積み上げていくという生き方であるとか，出世を諦めなくてはいけないという人生の処し方などについて，職業はそれぞれに，その担い手に心構えや物の考え方を決めておくように要請する。

　これは，たとえば子どもが好きでなければ小学校の教師にはなれない，生きることへの執念の重要性を共有できる人のみが医者や看護婦になれる，なぜそんな現象が発生するのかをとことん追求して真理への扉を開こうとする人は学者や研究者に向いているなど，いうなれば精神性に関する資格要件である。しかも後者の資格要件は，社会通念として存在するばかりか，社会の側からのそれぞれの職業に対する期待として，また積極的な要請として存在する。たとえば職業倫理などはその表れであり，当事者の自主規制のかたちで公表されることにもなる。

　再言すれば，職業と人（当事者）とは相互に要請と期待を充足させることで接合していく。職業はそれぞれに，それに就く人に対して一定の資格要件を備えるように要請する。知識的なものと態度的なものに区分できるこの資格要件を習得した者に対して，職業はそれぞれに相応の報酬を付与する。満足感や充足感，ライフスタイルや生活様式，社会的地位と社会的資源を与える。人びとは，獲得が予想されるそういった職業的帰結を期待してそれぞれの職業に就くという側面と同時に，特定の職業に就いたがゆえにライフスタイルや行動様式を規制されることになる。

第4章
職業の評価

はじめに

　職業に上下貴賤の差別なしと福沢諭吉は発言したが，人が職業に好き嫌いの感情を抱くのは避けられない。好きな職業を選ぶことができるのは，個人にとっては幸せなことである。しかしその結果として，なりたい人が居ない職業が発生することになったら，社会構造に歪みが生ずることにもなりかねない。

　好き嫌いとうのは主観的な評価であるが，客観的な側面からもまた人びとは職業に対して一定の評価をしている。職業によって，たとえば収入面で高い低いの差があり，責任の重い軽い，必要とされる知識の多い少ない，影響の及ぶ範囲の大小などいろいろな違いや格差があることをわれわれは承知している。人はそういったことを目安にして職業を評価している面がある。この章では，それがどんなものかをテーマにしていく。

　平成11年版の国民生活白書は，選職社会の実現が日本社会にとって大きな意義をもつようになったと指摘している。自らの生活（人生）をより楽しくするために，好みの職業・職場を選べる社会になるというが，実際問題として人はどんな職業を好ましいとしているのだろうか。これにはどの職業を選ぶか，職業のどんな要素を重視するかという2つの側面がある。この章では，そのことを内外のデータを駆使して検討する。

　ごく最近のある調査は「もし，あなたがどんな職業にでもつけるとしたら，一番やってみたい職業は何ですか」と問うているが，あなたならどうこたえますか。「生まれ変わったら何になりたいですか」と問われた企業トップはどう答えたか。いちばん多かったのは「今の仕事」だったが，芸術家や研究者をあげた人も多かった。

1. 選職社会の到来

　職業の種類は多い。その中から，ある人はAの職業を選び，別の人はBの職業に就く。その背景と要因はいろいろあろうが，事実としては，当事者の側において，生き方に関する認識と期待される職業的アウトプットとが接合したということである。

　一般には，この接合関係が均衡したところで職業が選択され，あるいは選定される。だが場合によったら，新しい職業を創りだすことによってこの均衡を確保しようとする試みもまた，実際にはありうる。現実社会では均衡点を見いだせないで終わる場合のほうが多いだろうが，自らが欲する自分の生き方と期待される職業的アウトプットが均衡しているかどうか，均衡点をどのへんに設定するかの意思決定は当事者である。当事者にどの程度の妥協があったかは別として，特定の職業に就いたことによって人は自分の生き方を選択したことになり，結果としてその職業によって自分の生き方を規定されることになる。

(1) 職業評価の主観性と客観性

　人によって生き方に違いがあることは，社会の存続と発展にとって幸いなことである。大学教師になることを発想だにしない人ばかりだったら，社会における高等教育と学問研究の進展は阻害される。はなから営業は向かないと決めてかかっている人がいる反面で，セールスが好きで仕方ないというという人がいる。社会の側からの職業への需要は，人びとのこうした生き方の違い，ひいては個々人の好みに支えられて確保される。ただしこのことは，職業がそれぞれに特性をもっていること，あるいは個々人の生き方や好みにあった職業が社会に存在するということによって可能となる。

　職業市場における需給関係は，長期的にはバランスのとれたものになるだろう。それでも産業化の初期段階では，社会の側の需要動向が職業構造を左右するかたちがとられた。個々人の好みで職業を選択しうるほど，経済も社会も成

熟してはいなかった。しかし産業の高度化と情報化の進展につれて，個人の側の職業志向が社会の職業構造を支配しかねない傾向が生まれつつある。

　たとえば80年代の半ばから，大学生の理工系ばなれがすすんで技術者が不足するとか，3K職場が嫌われて現場労働者のなり手が少ないとか，逆にサービス系に若者の就職希望が集中するといった現象が発生している。つまり時代の歩みにつれて個人の職業への好みは変化する。以前とちがって，人びとは嫌な職業や向かない職業には就かない，あるいは就かなくても生活に支障をきたさない状況が社会的に形成されてきている。もしそのようにして社会が運営されていくことになると，経済体系や産業構造のあり方のみならず，総じて社会のあり方そのものが個人の職業的好みに影響されることになる。

　平成11年版の『国民生活白書』は，「選職社会の実現」を主題にすえた。堺屋太一経済企画庁長官の前文を要約するなら，選職社会の実現が日本社会にとってもつ意義は，つぎのようなことである。

　戦後の日本を特色づけた終身雇用，年功型賃金の雇用慣行は，勤労者を職場にのみ帰属意識をもつ「職場単属人間」にした。戦後の日本は，そんな人びとを主な構成員とする「職縁社会」である。したがって職場内で生涯教育が行われていた。だからこそ，1955―80年代まで日本経済は高い成長を保ち，新しい技術と製品を取り入れた発展を続け得たのである。

　ところが戦後型雇用慣行は，バブル経済の崩壊とともに，1990年代に入って瓦解しはじめた。終身雇用は，従業員を失業（解雇）の危機から救った反面，個性を抑えて我慢する人生を強いていた。だが終身雇用の緩みは，企業（職場）による生活の安定保障が弱まったことを意味すると同時に，転職を不利にしてきた職場の拘束から解放，あるいは好みの職業，職場を探す自由も与えるものといえる。これまでの戦後社会が生産関係で結ばれた「職縁社会」であったとすれば，これからの社会は，自らの生活（人生）をより楽しくするために，好みの職業・職場を選べる「選職社会」といえるだろう。

(2) 職業の個人的好み

　個人が職業に関する望ましさを評価し診断するに当たっては，客観的視点と主観的視点の2つが交錯する。高度の知識と技術を必要とし，貢献と責任の両面からみて社会的役割が大きく，その意味からして称賛と尊敬の対象になるといったような要素は，職業評価として客観的にも測定可能である。また収入が多い，情報を潤沢に入手できる，それゆえに政治的ならびに社会的な権力も獲得しうるということであれば，職業の社会的地位は高いと客観的には判断されるだろう。

　しかしながら，だからといって誰もがそのような判断に従って職業に就くとは限らない。客観的には高いとみなされても，自分の生き方に合わないし好みでもないので就きたくはないという，いわば主観的要因からする職業評価は当然にありうる。どれだけの資質や能力が自分にあるか，あるいは社会的な背景はどうかといったことに関する自己認識を含めて，いずれにしてもこれは主観的な視点からのものである。

　この場合の主観には，その人なりの人生ビジョン，生き方に関する信条や信念のほか，情緒的な要素が入り込んでくる。憧れや羨ましさが職業を選ばせることになるかもしれないということである。このことに関連してテューミン (Tumin, M.) は，職業の評価には人気という要素が介入すると述べている。世の中には一般の多くの人びとから注目と関心をあつめ，世評や評判の高い職業があるものだ。たとえば歌手や映画スターやスポーツ選手がそうであり，日本ではタレントとしてもて囃される人たちの職業のことである。もしこういった評価基準をもちこまないと，「映画スターやスポーツ選手が何故にアメリカの大統領を上回る天文学的数字の報酬を稼ぐのか」が説明できないというのである。基本は，歌手やゴルファーがみせる技術的優秀性が人びとの情操をゆさぶるからであろうが，それだけではないであろう。一番のポイントは大量の大衆を動員し，抜群の営業成績をあげるという点ではなかろうか。天文学的数字の報酬とは，そのことの帰結であろう。

これらの職業を，人によっては憧れの対象にすえ，妬ましく思う場合もあるだろう。しかし，自分が実際に就くかどうかという段になると考慮の外におかれ，本人にとって望ましい職業とはならない，と一般には認識されてきた。人気商売の人気たるゆえんがそこに見いだせるわけであるが，今日では，その憧れや願望が職業選択の基準として現実化しつつある。資質や能力に関する自己認識は外におかれ，親の好みと主観が深く関与する場合もみられる。社会の側に人気商売やタレントの存在を受け入れる風潮もまた醸成されてきている。

2. 職業選好度

人はどんな職業に興味を示し，実際にどんな職業に就きたいと欲するのか。現実にはさまざまな障壁が介在するから，就業を希望しても徒花で終わる場合は多い。反面，初心を貫いて子ども時代からのアスピレーションを実現した人もけっこう多い。調査結果を通して，人びとの職業選考の実態にアプローチしておこう。結果として，日本人の職業選考に関する時代的な推移をたどることになる。

(1) 希望する職業

まず時代を少し遡って，70 年に行われた高校生を対象にした調査データをみておこう。男女別々に，それぞれリストアップされた職業について，好む職業と嫌う職業の区別をさせたものである。好み度の高い職業として上位 10 までに選ばれたのは，順位順に次のようなものである（雇用促進事業団職業研究所，1972）。

- 男子高校生の場合；大きな会社の社長や重役，機械化学技術者，小売店の店主，喫茶店・すし屋などの事業主，プログラマー，自動車整備工，アナウンサー，大工，新聞・雑誌の記者，医師
- 女子高校生の場合；洋服のデザイナー，栄養士，アナウンサー，電話交換手，新聞・雑誌の記者，小売店の店主，大きな会社の社長や重役，会社・

銀行などのサラリーウーマンやオフィスガール，タイピスト，喫茶店・すし屋などの事業主

　このうち，大きな会社の社長や重役，小売店の店主，喫茶店・すし屋などの事業主，アナウンサー，新聞・雑誌の記者という5つが男女で重なっている。これら5つは，とりあえずのところ，若者の好みにあった時代の職業ということになろうか。それにしても互いに特性を異にする職業群であり，共通する要素は見当たらない。商店主や事業主が選ばれているかといえば，アナウンサーや新聞・雑誌の記者などのコミュニケーション職業が選ばれ，そして大会社の社長や重役というエリート・ビジネスマンが注目される。

　もっとも，職業上の特性となると共通要素はみあたらないが，時代を反映しているという点では共通項がありそうだ。時あたかも高度経済成長を目前にして，ビジネス活動が活発化し，テレビ時代の幕開けとともにマスコミが世の中の注目をあびる花形産業となりつつあり，他方またサービス産業が徐々に隆盛になりはじめる時代でもあった。

　しかし，それぞれ上位10位までの職業をみれば，時代の脚光をあびるという観点から選ばれたわけでもなさそうである。とくに女子の場合，栄養士，電話交換手，タイピスト，そして会社・銀行などのサラリーウーマンやオフィスガールなど，一言で"手堅い職業"に目が向いている。男子の場合も自動車整備工や大工は手堅い職業の典型だし，プログラマーも時代性はあるけれどもこの部類に入る。小売店の店主やすし屋などの事業主もまた手堅い職業といってよい。職業ということになれば，人びとを好みに追いやるのは，単に時代性だけではなく生活を支える手段としての有用性が問題になるということであろう。

　それにしても男子の場合，会社員やサラリーマンといった職業が視野に入っていない。

　ついで80年に発表された「職業に対する母親と子供の希望」に関する調査結果に目を向けると，様子は大分ちがってくる（総理府，1980）。

まず子どもの希望についてみてみよう。
- 男子は，建築士や技術者など（15.8％），会社員や公務員など（13.9％），歌手・役者・スポーツ選手（11.0％）が他の職業と差をつけるかたちで上3位を占める。4位は5.8％の選択率で工員・職人・運転手などとなっている。
- 女子は，他を圧倒的に上回って幼稚園・小学校の先生などが選ばれた（26.4％）。2位は歌手・役者・スポーツ選手など（8.7％），3位は会社員や公務員など（6.4％）となっている。

男女とも歌手・役者・スポーツ選手が上位にランクされている。文字通りタレント時代の到来を反映しているといってよく，小学生や中学生からみると，これらの職業は憧れの職業なのであろう。それでも女子について，他を圧倒して幼稚園・小学校の先生などが選ばれたのは，性差なしで能力が発揮できるという点と，やはり手堅さではなかろうか。そして男子の場合，建築士や技術者につづいて会社員や公務員が2位に入っている。いよいよサラリーマン時代の到来ということか。

母親の希望としては，女子については子どもの場合と同じく他を圧する高率で幼稚園・小学校の先生などが選ばれたが（28.9％），男子では会社員や公務員など（21.2％），建築士や技術者など（20.2％）の2つが他の職業を大きく上回って上位に入った。ちなみに調査対象になった子どもの父親は，30.7％が会社員や公務員，24.4％は工員・職人・運転手など，18.0％は中小企業の経営者や商店主などであるが，子ども（男子）たちが同じ職業を選んだ割合はそれぞれ5.8％，4.2％である。

さらに時代がくだった1992年の調査に目を向けてみよう。あるメーカーがその年の4月に小学校に入学した母親に「将来，子供に就いてほしい職業」について調査したものである。これを報じた朝日新聞の記事は，男の子に望む職業では公務員が最も多く，安定志向をうかがわせたが，女の子は過酷な勤務な

どで人手不足が深刻な看護婦がトップと，対照的な結果となっているとコメントしている（朝日新聞，92年5月5日）。数値をあげれば，
- 男子は，公務員14.5％，プロスポーツ選手13.5％，医師13.4％，教師11.9％，パイロット5.2％の順である。
- 女子は，看護婦16.7％，教師15.2％，保母13.3％の順である。

プロスポーツ選手は，小学生本人の希望であれば了解できるが，母親の希望として2番目に選ばれている。職業が，生活とのつながりよりは，好みの対象として認識されている様子がかいまみられる。

最後に，1970年代から1990年代までの20年間の推移に目を向けておこう。図表4-1は高校生の「なりたい職種」が大きく変化している様子を示しているが，とにかくリストアップされた職業のすべてについて数値が低下している（ベネッセ教育研究所，1992）。これは価値観の多様化を反映していると思われるが，「とりわけ裁判官，大学教授，設計士等，就くために相当の努力を要すると見られる職業について低下が著しい」ようである。

(2) 空想上の職業と現実の職業

人には好みや趣向にそって職業を選びたいという気持ちが強いものの，現実には願いが叶えられるとは限らない。自分がどんな知識や技術を身につけてきているか，その職業で喰っていけるかどうかといった現実的な諸要素を勘案することになる。こういったことに関する人びとの意識を，1973年に職業研究所がつぎのような3つの側面からアプローチしている。主な50の職業をリストアップし，そう考え，そう思うままにそれぞれの職業を5段階に分けるというやり方である（雇用促進事業団職業研究所，1979）。

(イ) 空想的なやってみたい職業（もし人生をやりなおすことができるとしたら，どんな職業になら就いてよいと思うか）

(ロ) 変わるのが難しい職業（現在の職業，年齢，適性，家庭の事情などから

第 4 章　職業の評価　65

図表 4-1　高校生の「なりたい職業」

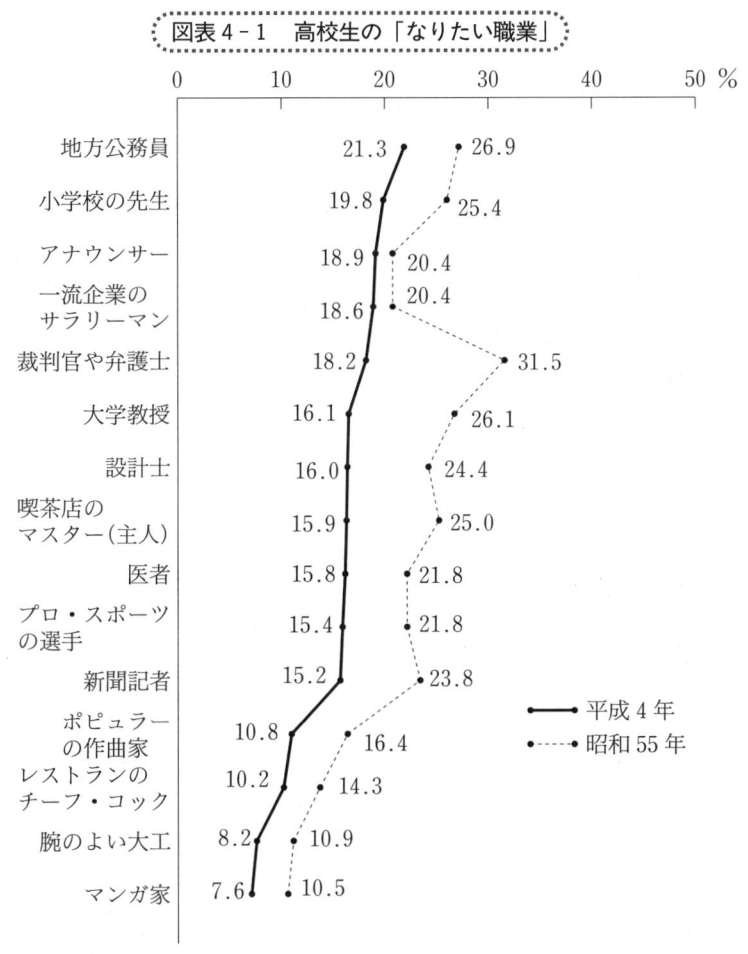

職業	平成4年	昭和55年
地方公務員	21.3	26.9
小学校の先生	19.8	25.4
アナウンサー	18.9	20.4
一流企業のサラリーマン	18.6	20.4
裁判官や弁護士	18.2	31.5
大学教授	16.1	26.1
設計士	16.0	24.4
喫茶店のマスター(主人)	15.9	25.0
医者	15.8	21.8
プロ・スポーツの選手	15.4	21.8
新聞記者	15.2	23.8
ポピュラーの作曲家	10.8	16.4
レストランのチーフ・コック	10.2	14.3
腕のよい大工	8.2	10.9
マンガ家	7.6	10.5

出所）ベネッセ教育研究所『モノグラフ高校生』Vol.36；「高校生は変わったか」ベネッセコーポレーション，1992 年

みて，それに変わるのは難しいと思うか）

(ハ) 現実的なやりたい職業（現在の職業，年齢，適性，家庭の事情などを考えたうえで，どんな職業ならやってもよいと思うか）

まず「空想的な次元でやってみたい職業」ということになると，一級建築士，機械工場の技師，牧場主，会社の社長（30人くらい），大会社の社長（千人以上）が上位5つである。以下，町工場の工場主（10人くらい），小売店主（ふつうの商店の），大会社の課長（千人以上），医者（開業医），弁護士の順である。これらの職業にみられる1つ目の特徴は，一級建築士や機械工場の技師や医者（開業医）や弁護士など専門職という要素であり，2つ目の特徴は大会社という要素であり，3番目は自営業主という要素である。3番目には牧場主，会社の社長（30人くらい），町工場の工場主（10人くらい），小売店主（ふつうの商店の）などが該当するが，これらの職業に共通する自営あるいは業主という要素は人びとにとって大きな魅力のようである。

では，「現実的な次元でやってみたい職業」についてはどうか。上位にくるのは小売店主（ふつうの商店の），会社の社長（30人くらい），牧場主，町工場の工場主（10人くらい），一級建築士である。以下，飲食店主，機械工場の技師，農家の主人（一町歩くらいの），会社の課長（30人くらいの），自動車工場の課長の順である。ここには，あまり気張らなくともやっていけそうだという要素が共通点のようだ。事業規模の点でも，また必要とされる知識や技術の点でも，中レベルということであろうか。

さて上位の10位までにかぎってのことであるが，空想と現実とで，一級建築士，機械工場の技師，牧場主，会社の社長（30人くらい），町工場の工場主（10人くらい），小売店主（ふつうの商店の）の6つは，「やってみたい職業」として重なっている。

いっぽう「変わるのが難しい職業」ということになると，大会社の社長（千人以上），大会社の課長（千人以上），そして医者（開業医）と弁護士などが消えていく。やりたい職業であって，空想次元と現実次元でいちばん離れている

のがこの医者なのである。空想次元では9位だが，現実次元ではなんと38位。また弁護士の場合も，空想次元では10位だが現実次元では24位であり，両者のあいだに14のひらきがある。なお，大学教授と物理学者，大蔵省の課長と大蔵省の役人というのも，空想次元と現実次元で大きく離れている。順位でみて大学教授と物理学者の場合は16から17，大蔵省の課長と大蔵省の役人は10から12のちがいがある。

場合によったら，「現実的なやりたい職業」というのは「現実的にそれができる職業」ということになるのかもしれない。というのは，医者は「変わるのが難しい職業」の筆頭であり，また弁護士も4位となっているからである。これの2位は物理学者，3位は大学教授，5位が大蔵省の課長，6位が大会社の社長（千人以上の）となっている。

職業の職業ごとの特性というのは，こんな3つの面からも，それを構成する要素が浮かび上がってくるようである。

(3) 最近の調査から

人が就きたい職業は時代につれて変わる。どう変わるかについて結論のようなものを示すことはできないが，参考までに近年実施された調査結果を紹介しておこう。朝日新聞社は1995年の世論調査の中で職業に関する意識を尋ねたが，その1つとして「もし，あなたがどんな職業にでもつけるとしたら，一番やってみたい職業は何ですか」と設問した。対象は有権者であるが，男性は幸せなことに「いまの仕事」が一番多かったが，ついで政治家とスポーツ選手が多い。その理由は不明だが，女性では福祉関係が圧倒的に多かった。高齢社会の到来に対応するものであり，時代を反映している（「朝日新聞」1996年1月1日）。

［男性］政治家58，スポーツ選手48，公務員45，自営業29，教師／お店・商売27，会社経営／医者／農業24，サラリーマン23／職人23，建設業関係22，技術者／福祉関係16，コンピュータ関係15，パイロット14，マスコミ関

係／運転手 12, 園芸・造園 11, 作家 10, 営業 10, いまの仕事 77。

［女性］福祉関係 71, お店・商売 48, 教師 46, 看護婦 45, 事務 34, 保母 23, 公務員 22, コンピューター関係 20, 農業／サービス業 14, 会社経営／医者／ボランティア 13, 政治家／マスコミ関係 12, 自営業／洋裁・手芸 11, 通訳／OL／趣味を生かせる職業／おけいこの先生／芸術家／美容師／資格のいる職業／医療関係 10, いまの仕事 46（男女とも，数字は人数）。

また朝日新聞社は，同じころ企業トップに対して，景気動向調査とあわせて「生まれ変わったら何になりたいですか」とアンケートした。ここでも今の仕事（事業家・経営者）と回答した人が多かったが，一方で芸術家や歴史作家などビジネスとは好対照な職業を選ぶ人が多数いたことが大きな特徴となっている。宇宙探検や宇宙飛行士や天文学者など，宇宙にからむ職業が選ばれたのは時代を反映している（「朝日新聞」1996 年 3 月 3 日）。

［リストアップされた職業（一部省略）］今の仕事：7 人，事業家・経営者：10 人，芸術派：10 人（カンツォーネ歌手，作曲家，指揮者，制作・監督・俳優，役者・音楽家・陶芸家，建築家，作家など），学者・研究者：6 人（歴史家，哲学者，商法学者，天文学者，自然科学者），宇宙探検・宇宙飛行士，新聞記者・ジャーナリスト，中距離走者・プロゴルファー，エンジニア，政治家，リーダー。

3. 職業の要件

人は，職業をいろいろな視点や基準にそくして診ている。これまで，自分の適性や能力にどれほどあっているか，自分が抱いている人生への期待がどれほど充足されうるか，どれほど生活欲求がその職業に就くことで得られるか，それに就くことで総合的にどれほど満足できるかといった視点や基準について触れてきた。しかしながら，個人の趣向や好みといった観点が基準になると，望ましい職業の要件は限りなく増えていく。このことに関する実態調査はきわめて多いが，近年にいたるほどリストアップされる要件数は多い。

また企業等に勤務する人びとを対象にした調査の場合は，いっそうその数が多い。勤務先への注文という要素が入ってくるからであって，会社の規模や立地場所までが含まれることになる。雇用されて遂行される職業が一般化した現代的状況がそうさせているのである。

(1) 多様な評価要素

NHK 放送世論調査所は，1967 年に「日本人の職業意識」調査を実施したが，これは職業に関する総合的調査として戦後の日本ではごく早い時期のものである。全国の 20 歳以上の有職者を対象になされたものであるが，その中に「あなたはどのような仕事が理想的だと思いますか」という設問がある。集計結果（カッコ内）とともに項目をあげれば，① 自分の能力が思い切り発揮できる仕事（37％），② 職場で楽しくすごせる仕事（18），③ 失業のおそれがない仕事（13），④ 高い収入が得られる仕事（11），⑤ 世の中のためになる仕事（10），⑥ 働く時間が短い仕事（4），⑦ 社会的評価が高い仕事（4）となる（他に，分からないと無回答が 2％）。

現時点からみると 7 項目と少ない。その後の調査では仕事意識や職業観の多様化に呼応してもっと多くなっており，たとえば 1990 年に実施された東京都の「労働に関する世論調査」は，「あなたは仕事をするうえでどのようなことが重要だと思いますか」と質問し，つぎのような 12 項目をリストアップして 3 つまでを選ばせている（カッコ内は結果，％）。

① 自分の都合に合わせて働ける（31.2）
② 仲間と楽しく働ける（34.6）
③ 責任者としてさい配がふるえる（8.7）
④ 専門知識や特技が生かせる（35.9）
⑤ 世の中のためになる（13.4）
⑥ 世間の注目を集めたり，話題性がある（6.2）
⑦ 社会的な評価が高い（8.2）

⑧ いろいろな人と知り合いになれる（36.6）
⑨ 自分自身の向上につながる（48.8）
⑩ 働く時間が短い（8.1）
⑪ 高い収入が得られる（25.3）
⑫ 失業の心配がない（11.2）
⑬ その他（1.5）
⑭ わからない（2.4）

項目数は多いが，回答は6項目に集中化されている。「自分自身の向上につながる（⑨）」を最高に，「いろいろな人と知り合いになれる（⑧）」「専門知識や特技が生かせる（④）」「仲間と楽しく働ける（②）」「自分の都合に合わせて働ける（①）」がこの順序で多く，少しはなれて「高い収入が得られる（⑪）」が続いている。この時点で「失業の心配がない（⑫）」の％が少ないのはバブル景気のただ中にあったからであり，時代をうつしている。

経済企画庁の有職社会人を対象にした1976年調査は，望ましい仕事の要件とは別に，「勤務先として重要な要素」として以下の27項目をリストアップした（経済企画庁，1978）。

イ）就業：通勤に便利，高い収入が得られる，失業の恐れがない，勤務時間が比較的短い

ロ）仕事の内容：昇進や成功のチャンスが多い，自分の能力が思い切り発揮できる，仲間と楽しく過ごせる，世の中のためにつくせる，高い社会的評価や地位が得られる

ハ）自己啓発：仕事を通じて能力や知識を高めることができる，教育・訓練制度で能力や知識を高めることができる，勤務時間外に独自に能力や知識を高めることができる

ニ）情報：就職や転職に必要な情報が得られる，能力・教養を高めるための情報が入手しやすい，能力や適性をよく把握してくれている

ホ）職場環境：作業環境が整っている，福利厚生の制度や施設が整っている

住みたい地域に職場がある，職場での人間関係が良い，職場でストレスがたまらない

へ）適応と評価：仕事の内容が自分にあっている，仕事ぶりを上司から正確に評価される，仕事の内容や能力にふさわしい賃金が支払われる，昇進・昇格の機会がある，転職が容易である，仕事を進めていくうえで自分の考えがいれられる，仕事を進めるうえで必要な権限が付与される

この調査は，こういった項目がどれほど重要か，どれほど達成されているかを通して項目ごとに「機会未充足度指数」を算出し，政策立案に役立てようとしたのである。

(2) 国際比較調査

望ましい職業の要件に関しては国際比較調査も多いが，一般に，リストアップされる項目数は多い。国民性や国情を反映して散らばりが大きいと予想されるので，たくさんの選択肢が準備されることになる。たとえば電通総研が実施した「価値観国際比較調査」(96年)は，東京，北京，バンコック，シンガポール，ジャカルタ，ボンベイに在住の18歳から69歳の市民を対象に「あなたは仕事や会社に何を求めますか。次の中からあてはまるものをすべてお知らせください」と設問して，18項をリストアップした。

ミシガン大学社会調査研究所は95年に「世界価値観調査」を実施したが，「次にあげる仕事のいろいろな側面について，あなた自身が重要だと思うものがありましたら，すべてあげて下さい」と設問した。項目と，重要度が最高の国とその％，重要と回答した日本の％，最低の国とその％を紹介すれば，つぎのようになる（電通総研，1999）。

① 給料がよい（ロシア 90.5，日本 86.3，スウェーデン 59.3）

② 心理的圧迫があまりない（スロベニア 73.1，日本 69.6，ドイツ 16.1）

③ 失業の不安がない（スロベニア 92.9，日本 81.1，台湾 40.2）

④ 世間から尊敬されている仕事（ベネゼエラ 79.8，日本 42.8，ドイツ 16.3）

図表 4-2　望ましい職業について

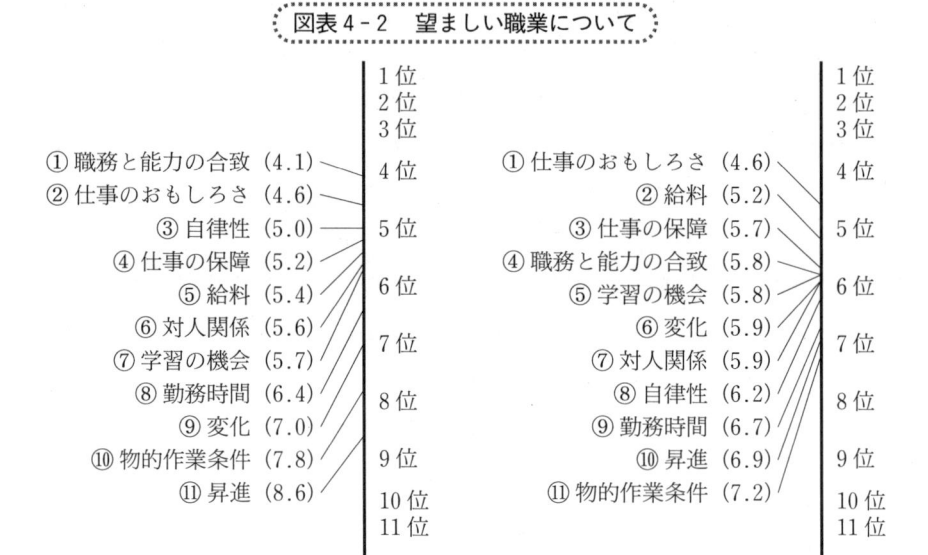

	ランク		ランク
	1位		1位
	2位		2位
	3位		3位
① 職務と能力の合致 (4.1)	4位	① 仕事のおもしろさ (4.6)	4位
② 仕事のおもしろさ (4.6)		② 給料 (5.2)	
③ 自律性 (5.0)	5位	③ 仕事の保障 (5.7)	5位
④ 仕事の保障 (5.2)		④ 職務と能力の合致 (5.8)	
⑤ 給料 (5.4)	6位	⑤ 学習の機会 (5.8)	6位
⑥ 対人関係 (5.6)		⑥ 変化 (5.9)	
⑦ 学習の機会 (5.7)	7位	⑦ 対人関係 (5.9)	7位
⑧ 勤務時間 (6.4)	8位	⑧ 自律性 (6.2)	8位
⑨ 変化 (7.0)		⑨ 勤務時間 (6.7)	
⑩ 物的作業条件 (7.8)	9位	⑩ 昇進 (6.9)	9位
⑪ 昇進 (8.6)	10位	⑪ 物的作業条件 (7.2)	10位
	11位		11位

出所）国際シンポジウム「労働生活の価値意識と態度」（大阪大学主催）の配布資料，1983年

⑤ 好ましい勤務時間（スロベニア77.2，日本76.0，ドイツ30.5）

⑥ 独創性を発揮できる機会（ベネゼエラ79.8，日本42.8，ドイツ16.3）

⑦ 好ましい休暇制度（日本76.1，フィリピン7.5）

⑧ 何かを成し遂げることのできる仕事（ベネゼエラ80.0，日本69.6，スペイン38.0）

⑨ 責任のある仕事（ベネゼエラ77.8，日本70.6，クロアチア23.9）

⑩ 面白い仕事（スロベニア91.0，日本63.3，ペルー29.1）

⑪ 自分の能力に合った仕事（日本91.8，スウェーデン33.2）

　日本は「好ましい休暇制度」と「自分の能力に合った仕事」の2つで最高得点を獲得したが，リストラにおびえる時代環境を受けて「失業の不安がない」は80％をこえる高得点となっている。ベネゼエラは，世間から尊敬される，独創性を発揮できる機会，何かを成し遂げる，責任のあるなどの項目で最高点を獲得した。国民のあいだに広く職業意識が確立して様子をうかがわせる。

先にも紹介した MOW 調査は「仕事の要件を重要度順に番号をつけてください」と設問し，職務と能力の合致，仕事のおもしろさ，自律性，仕事の保障，対人関係，学習の機会，勤務時間，変化，物的作業条件，昇進という11項目をリストアップした。調査結果は図表 4-2 の通りであるが，日本は 4.1 から 8.6，米国は 4.6 から 7.2 までの広がりとなっている。

4. 職業威信と職業イメージ

このように，職業の理想的な要件として取込まれるべき項目は多数あるが，欠かせないのは社会的な視点と基準である。これまでの調査事例にも組込まれているが，たとえば，多くの人びとにとって役立つ職業であるかどうか，影響力のおよぶ範囲が社会的に大きい職業であるかどうか，社会的にみて責任がおもい職業であるかどうかといった視点からのものである。

こういった職業要素は，一言で「職業威信（occupational prestige）」として括ることができる。いわば社会的威信からの職業評価であり，これらの条件に十分こたえられるような職業は，一般には社会的に高い評価を受ける傾向がみえる。

(1) 社会的威信からの職業比較

先に触れた 1967 年の NHK 放送世論調査所の調査は，13 の職業を回答者に示し，① 社会的評価の高さ，② 社会的貢献度，③ 収入の高さ，という 3 点から順位づけするように要請した。13 の職業名は記載しないが，それぞれ 1 位から 3 位までを紹介すれば，

　社会的評価の高さ：医者・弁護士，国会議員，小学校の先生
　社会的貢献度：医者・弁護士，警察官，小学校の先生
　収入の高さ：プロ野球の選手や芸能人，大会社の社長や重役，医者・弁護士
というようになっている。職業別にみると，社会的評価の高さ，社会的貢献度，収入の高さの順序に，医者・弁護士では 1・1・3，国会議員は 2・5・3，

小学校の先生は3・3・11, 警察官は4・2・12, プロ野球の選手や芸能人は10・12・1, 大会社の社長や重役は7・11・2, 新聞記者は6・4・9などとなっている。

　個人的立場からは, 経済的報酬が大きい, ゆとりある生活を送れる, 自分の時間が十分にとれるといった視点から職業の善し悪しを評価する。だか世の中には, これら個人的要素ではさして恵まれないが, 社会的寄与率の高い, 社会のために役立っている職業というのがある。いわば個人的に報われることは少ないが, 社会的には功績が大きい職業のことである。それだけに, 人情からしても尊敬したくなるような, 多くの人びとから厚い信望をいだかれるような, そういった面で人気のある職業という言い方もできようか, 職業威信はこういうことをあらわす概念である。じつはこの職業威信に関しては, すでに綿密な調査と突っ込んだ研究が, SSM調査の中でなされている。主要な職業について, スコア(威信度得点)も算出されている。

　人びとは職業について, 通常なにげなしに評価をしている面がある。いいとか, 立派だとか, 尊敬できるとか, 社会的地位が高いというように。職業威信という用語についてまわるその「なにげない」という曖昧さを払拭するために, SSM調査では, 事前に職業威信に関する評定要素や評定基準そのものを調査対象者に尋ねている。それぞれの職業について威信の高さを評定するさいに, 具体的にはどんな要素や基準を想定したかということである。いずれにしても職業特性を分析し検討するには, 職業威信とその判定要素に関する研究調査は貴重であり, こういった視点からのアプローチは不可欠である。

　SSM調査は, 1975年度調査において次のような10の評定基準を示し, 職業威信の程度を評定するときにそれぞれをどれほど重視したかを尋ねている。その10の評定基準とは, (1)責任の大きさ, (2)技能の高さ, (3)社会に対する貢献の大きさ, (4)世間から受ける尊敬の大きさ, (5)教育(学齢)の高さ, (6)社会に対する影響力の大きさ, (7)自立性の高さ, (8)収入の高さ, (9)創造性を発揮できること, (10)かっこよさ, である (現代社会学会議, 1979)。

図表 4-3　職業威信の評定要素と重視割合

項目	非常に重視	やや重視	あまり重視せず	全く重視せず	無回答
1. 責任の大きさ	38	43.9	14.6	2.1	1.4
2. 技能の高さ	25.5	53.2	18.4	1.5	1.4
3. 社会に対する貢献の大きさ	23.4	46.5	24.9	3.9	1.3
4. 世間から受ける尊敬の大きさ	22.1	46.8	25.2	4.4	1.4
5. 教育（学歴）の高さ	20.7	50.8	23.1	4.2	1.3
6. 社会に対する影響力の大きさ	19.4	46.1	28.8	4.2	1.5
7. 自立性の高さ	17.9	44	31.9	4.7	1.5
8. 収入の高さ	14.8	37.3	36.8	9.7	1.4
9. 創造性を発揮できること	14.2	41.4	37.3	5.4	1.7
10. かっこよさ	10.8	39.2	46.4	2.4	1.3

出所）現代社会学会議『現代社会学 8』講談社，1979 年

　結果は図表 4-3 の通りであるが，6 割をこえる人から「非常に重視」または「やや重視」と判定された項目が多い。人びとが職業を評価する基準には，そう大きなバラツキがみられない点がまず指摘できる。ついで，責任の大きさ，技能の高さ，社会に対する貢献の大きさなど，職業の機能的な重要性（つまり遂行の困難性）と社会的役割に関連する要素とが重視されている点とが指摘できる。

(2)　職業のイメージ

　われわれは何かにつけてイメージを描き，結果としてそれに引きずられて物事を判断している。職業についても，人はそれぞれにイメージをいだき，それを拠り所に，あるいはそれに引きずられて職業を評価し，職業を選択し選定している。そしてまた生き方や生活の全体を，自他の職業イメージに規定され，振り回されているという側面があるかもしれない。したがって職業特性の把握

には，イメージからのアプローチも欠かせない。

ただ職業イメージに関する実態調査の類は，思いのほか数が少ない。大学生を対象に就職希望先調査が行われ，その結果が文系・理系別のランキングとして新聞紙上を飾るといったことが年中行事になっている。これも就業に関する一種のイメージ調査ではあるが，職業イメージが直接のターゲットではない。先にとりあげた職業威信調査（SSM調査）も職業に関するイメージ調査としての性格をもっている。しかし研究上の目的や調査の狙いはあくまでも職業威信をターゲットにしており，職業イメージそのものではない。

1994年5月に朝日新聞社は全国の3,000人（有効回答2,407人）を対象にして「官僚に関する職業イメージ調査」を実施した。リストアップされた9つのイメージ特性から1つを選択させ，「あなたは官僚（中央省庁勤務）にどんな印象をもっているか」と尋ねたのである。次に示すように，「融通が利かない」が第1位（28％），「出世欲が強い」が第2位（22％）という結果になった（「朝日新聞」1994年5月15日）。

- 有能　7％
- 仕事熱心　6％
- 使命感がある　7％
- 清潔　1％
- 融通が利かない　28％
- 無責任　13％
- 威張っている　8％
- 出世欲が強い　22％
- その他・無回答　8％

どの職業にも，多かれ少なかれ，何らかのイメージがついてまわっている。しかしイメージは必ずしも現実や実体と合致しているわけではない。いまみた官僚に関するイメージにしても，「融通が利かない」のではなくして，権威主義ないしは誇大主義におちいっているために"融通を利かせない"，あるいは勉強不足・情報不足のために判断力を失っていて"融通を利かせられない"のかもしれない。また「有能」は一桁にとどまっているが，比較的能力はあるという観察を支持する向きは多いだろう。「出世欲が強い」というが，それはいわゆる上級職（現行のI種）に限ったことのようである。

いずれにしてもイメージはあくまでもイメージである。職業それぞれについての特性は，綿密な実態調査をまって把握可能なものとなる。たとえば資料や

第4章 職業の評価　77

データやドキュメントなど文献を調べる，あるいは面談やインタビューを通して取材をすることで，それぞれの職業の実像に迫り，その職業特性を浮き彫りにすることができる。各職業の特性比較は，その積み重ねとして可能になるはずである。それにしても，職業特性の把握と職業の特性比較のためには，どんな職業要素に目を向けたらよいのだろうか。

(3) サラリーマン職業

　SSM 調査は 10 の基準をもとに個々の職業について威信スコアーを算出しているが，ここでの焦点は，スコアー自体ではなく職業特性を把握するうえでの方法論としてである。方法論としての有用性をみるうえから，ここで 1 つの事例研究として，サラリーマン（会社員）職業を取り上げておこう。職業威信論の視点と尺度にそって判断するなら，日本のサラリーマンは，総体としてどう評価できるであろうか。

　結論からいえば，教育（学齢）の高さについては肯定できるものの，仕事に関する自立性の高さや創造性発揮の余地といった点に関しては高い得点は与えられないようである。教育水準は高いのに，自発的・主体的・創造的には仕事をしていない，あるいはできないでいるということ。マルバツ式の勉強方式と偏差値教育によってそうなってしまったのか，官僚制的組織運営と大企業病的風土の中でそう育てられてしまったのか。当然に両者は絡んでいるが，サラリーマンの職業生活は閉塞ぎみである。

　また経済大国でありながら生活小国であり，通勤地獄とウサギ小屋に甘んじている住宅事情からすると，所得の高さについても高い評価を与えることはできそうにない。とくに資産という観点からすると，とにかく庶民であることにサラリーマンの特性がある点からして，他の職業にまさるという要素は見当たらない。

　またサラリーマンの場合，責任とは要するに所属企業へのそれである。そのゆえであろうか，日本のサラリーマンはときに社会の常識と抵触しかねない行

動に走ることがあると指摘される。いわゆる会社人間のことであり，そうなると社会に対する貢献，ならびに世間から受ける尊敬といった項目に関しても，ともに高い点数は与えられないだろう。

ただし実際の職業選択となると，これまでサラリーマンは高い割合で対象になっている。1978年に実施されたNNKの調査によると，公務員（21％）とサラリーマン（14％）は理想職業の1位と2位を占めており，会社経営者，職人，商店主，農林漁業者，医者・弁護士，学校の先生，学者・研究者，マスコミの仕事を上回っている。希望理由としては，収入の安定と世の中への奉仕があげられている（NHK放送世論調査所，1979）。

先にみた高校生の「なりたい職種」調査の場合（p.64を参照），一流企業のサラリーマンは1955年20.4％，1992年18.6％で，その差は他の職種に比べてきわめて小さい。また，1955年調査にあっては15職種の中で10番目であったのに，1992年調査では4番目にランクされている（福武書店教育研究所）。1980年代までは，サラリーマン，とくに大企業のサラリーマンというのは多くの人びとにとって希望の職業であったと理解される。

第5章
職業の分類

はじめに

　職業の違いは，一般には職業分類によって示される。しかし，それぞれの職業がもつさまざまな特性をぴったり示す職業分類はいまだ存在しない。職業をどう括りどう区分するかは，難しくてやっかいな作業である。

　しかし職業分類が採用する区分基準を知ることは，職業とは何かを理解するよい手だてになる。いったい職業は，どんな基準で区分され，また括られているのであろうか。基本モデルとなる世界標準分類や日本標準分類の他にも限りなくあるが，社会調査等で使われるフェースシートも参考になる。その中から主要なものを紹介しておくが，人間の興味や性格から区分された心理学的分類は，適職選びにとって不可欠な道具になるはずである。中でもホランドの「6角形モデル」は，キャリアカウンセリングの過程でよく使われる。

　なかには「人びとを対象にする職業」と「物事を扱う職業」，「行動的な職業」と「思索的職業」という軸で分類されたものがあり，対象がアイディア（I），データ（D），人（P），物（T）のいずれであるかによって区分したものがある。これらは職業機能を基準にした職業分類であるが，求職者にとって，職業選択にかかわる有力な情報となっている点は明白である。

　ただし，市場の論理とIT革命の進行によってグローバリゼーションが進行すると，既存の職業分類では現実が説明できなくなっているのも事実であり，ライシュは，今後は地球経済に対する貢献を基準に評価しなおすことが必要だと主張し，シンボリックアナリストという新しい職業概念を提示して世論を喚起した。

1. 職業の区分

　数ある職業がそれぞれどんな特性をもっているかは，一般には職業分類の中に表象される。職業分類とは，それぞれの職業の違いを，職業を構成する主要な変数によって区分したものだからである。しかし実際問題となると，それぞれの職業がもつさまざまな特性をぴったり表象できている職業分類は，いまだ完成した形では存在しない。職業をどう括りどう区分するかは，まことに難しくてやっかいな作業といってよいだろう。

　大別すると，職業それ自体がそなえる要件からアプローチされた分類と，人間の側の関心や適性からアプローチされた分類とがある。あえていえば，前者は社会学的区分であり，後者は心理学的区分ということになる。

(1) 日本標準職業分類

　職業の区分や括り方としてわが国で最も一般的なのは「日本標準職業分類（JSCO）」である。1988年に「国際標準職業分類（ISCO）」が改定され，これにそった手直しが検討の課題になっているが，基本的には次の4つの変数で職業を区分している。

　(イ)　必要とされる知識や技術の程度
　(ロ)　生産しまたは提供される物またはサービス
　(ハ)　従事する環境または使用する原材料・道具・設備の種類
　(ニ)　事業所またはその他の組織の中で果たす機能

　一見して，仕事の種類ないしは仕事の技術的な内容に焦点がおかれていることは明らかである。いわば，どんな能力を駆使し，どんな手段を行使し，何を作りまた産出しているのか，それはどこにおいてかという観点でなされている職業区分である。

　しかし実際に作成された分類をみると，産業区分とさして違わないようにみえる。また会社・工場・事業所・役所などに勤める人びとを，当然のごとく職

図表 5-1　国際標準職業分類

ISCO-88 の大分類とそれぞれに属する下位分類とスキル・レベル

（大分類）	（中分類）	（小分類）	（細分類）	（スキル・レベル）
1．立法議員，上級行政官，管理者	3	8	33	—
2．専門職	4	8	55	4
3．テクニシャン，準専門職	4	21	73	3
4．事務職	2	7	23	2
5．サービス職業従事者,店舗・市場での販売従事者	2	9	23	2
6．熟練の農林漁業職業従事者	2	6	17	2
7．熟練職業および関連職業従事者	4	16	70	2
8．プラント・機械捜査員，組立工	3	20	70	2
9．初級の職業	3	10	25	1
0．軍隊	1	1	1	—
計	28	116	390	—

出所）日本労働研究機構「資料シリーズ」No. 30，1993 年

業従事者として捉え，その層を一般の職業と同次元で分類している。この，いうなれば産業就業者に属する人びとの区分は，職種区分ではあっても職業区分ではないと思えるし，「サラリーマンは職業か」という疑問をもいだかせる。また職業を，仕事の専門性にウエイトをおいて捉えると，「管理職は職業か」という疑問も生じる。

　職業分類では，仕事の種類や性質という要素も大事だが，勤務先や従業上の地位という要素は無視できない。場合によったら，専門職はのぞいたうえで，企業勤務者は一括して会社員に，役所勤務者は一括して公務員に区分するのも1つの案かも知れない。

(2)　社会経済分類

　こういった観点からすると，「社会経済分類」は，職業に関する本来的な概念により近い職業分類になっている。もともとはエドワーズ（Edwards, A.）

が，社会経済的状態によって分類する目的で1943年に作成したものである（総務庁，1994）。そのさいエドワーズは，教育と収入を基準に，職業分類に階層の視点を盛りこもうとしたようである。わが国のものは，単に職業分類だけのためというのではなく，全人口について，その経済的な特性とあわせて社会的な特性をも表象する目的で作成されている。図表5-2がそれであり，管理職も含まれているが，専門職業者，個人サービス，農林漁業雇用者といった新しい職業（分類）名も登場している。商店主，工場主，販売人，教員，保安職といった職業分類は，生活行動の経済的・社会的な現実をよく反映している。

(3) 労働省編職業分類

日本標準職業分類は1997年に最新のものが編纂されたが，「国勢調査」の職業区分も，基本的には日本標準職業分類に依拠している。いまみた「社会経済分類」は，それを補足する意味合いから国勢調査の第2の職業分類と位置づけられているが，労働省は日本標準職業分類をふまえつつも，独自に「労働省編職業分類（ESCO）」を作成している。大分類9，中分類76，小分類395に加えて，2,709にも及ぶ細分類が付加されており，その〈職業名索引〉には2万5,000の職業が掲載されている（1987年現在）。米国の公的職業分類に相当する「職業辞典（DOT）」は，職業分類であると同時に職業情報としての役割も果たしており，1万2,000の職業が収録されている（1991年現在）。ESCOは，相当に細分化された職業分類とみなすことができる。

日本労働研究機構は，以前は独立していた職業研究所の業務を傘下にもち，職業に関する調査研究と資料編纂に従事するシンクタンクであるが，その研究実績をふまえて1991年にその解説版を公にした。『職業名解説―この仕事は何をするのか？』がそれであるが，1997年に全面的に改訂され『職業ハンドブック』として公にされた。仕事の内容や資格要件等を職業ごとに記述しているが，仕事の仕方に関連して単に技術的な面にとどまらず接客にあたっての留意点などについても言及し，比較的きめ細かい解説が加えられている。求職者に

第5章 職業の分類

図表 5 - 2　社会経済分類の構成

社会経済分類	労働力状態	職　業　分　類　注1)	従　業　上　の　地　位
1. 農 林 漁 業 者	就 業 者	E．F 農林・漁業作業者（80を除く）	役員，雇人のある業主，雇人のない業主，家族従業者
2. 農林漁業雇用者	同　　上	同　　上	雇用者
3. 会 社 団 体 役 員	同　　上	(13)会社・団体の役員	役　員
4. 商　　店　　主	同　　上	62 小売店主・63 卸売店主・64 飲食店主	役員，雇人のある業主，雇人のない業主
5. 工　　場　　主	同　　上	I 技能工，生産工程作業者及び単純労働者，(47)他に分類されない単純労働者，(44)定置機関・建設機械運転作業者，(45)電気作業者 (159, 170, 171, 172, 173, 174, 218, 219, 220, 221, 222, 226, 227, 228, 240, 242, 245, 249, 250, 251, 252 を除く)	役員，雇人のある業主
6. サービス・その他の事業主	同　　上	他の会社経済分類のいずれにも該当しない職業分類項目	雇用者，役員，雇人のある業主，雇人のない業主，家族従業者
7. 専 門 職 業 者	同　　上	(1)科学研究者，(5)公認会計士，13 医師，14 歯科医，15 薬剤師，22 裁判官等，29 大学教員，41 獣医師	同　　上
8. 技　　術　　者	同　　上	(2)技術者，(3)医療保健技術者，(13, 14, 15 を除く) 98 船長等，100 航空操縦士等	同　　上
9. 教員・宗教家	同　　上	(6)教員（29を除く）(7)宗教家，42 保母，43 社会福祉事業専門職員，44 個人教師	同　　上
10. 文筆家・芸術家・芸能家	同　　上	(9)美術家等，(10)音楽家等，33 文芸家等，45 他に分類されない専門的職業従事者	同　　上
11. 管　 理　 職	同　　上	(12)管理的公務員，(14)その他の管理職業従事者	雇用者，家族従業者
12. 事　 務　 職	同　　上	C 事務従事者（56を除く）23 その他の法務従事者，34 記者等，101 車掌	雇用者，役員，雇人のない業主，家族従業者
13. 販　　売　　人	同　　上	62 小売店主，63 卸売店主	雇用者
		(18)商品販売従事者 (62, 63, 64 を除く) (19)販売類似職業従事者，56 集金人	雇用者，役員，雇人のない業主，家族従業者
14. 技　　能　　者	同　　上	80 植木職，H 運輸・通信従事者 (98, 100, 101, 109 を除く) I 技能工，生産工程作業者及び単純労働者 ((47)他に分類されない単純労働者，226, 227 を除く)	雇用者，雇人のない業主，家族従業者
15. 労 務 作 業 者　注2)	同　　上	G 採鉱・採石作業者，L 分類不能の職業，(47)他に分類されない単純労働者，109 郵便・電報外務員，226 土工等，227 鉄道線路工手，284 清掃員	同　　上
16. 個人サービス人	同　　上	64 飲食店主	雇用者
		K サービス職業従事者，(49)家事サービス職業従事者，(227, 284 を除く)	雇用者，役員，雇人のない業主，家族従業者
		(49)家事サービス職業従事者，277 芸者等	雇用者，役員，雇人のある業主，雇人のない業主，家族従業者
17. 保　 安　 職	同　　上	J 保安職業従事者	雇用者，雇人のない業主，家族従業者
18. 内　 職　 者	同　　上	職業分類のいかんを問わない	家庭内職
19. 学 生 生 徒	通　　学 (15歳以上)		
20. 家 事 従 業 者	家　　事 (15歳以上)		
21. その他の15歳以上非就業者	完全失業者 その他		
22. 15歳未満の者			
23. 分　 類　 不　 能		「労働力状態」が不詳の者	

注1)「職業分類」欄の記号・番号は，日本標準職業分類に従っている。
注2)「従業上の地位」欄の不詳の者は，「15 労務作業者」に分類した。
出所）総理府統計局『平成2年国勢調査報告書』日本統計協会

とっては，職業分類よりは職業情報のほうに大きな関心があるだろう。

　参考までに，『職業名解説』に登場するスポーツ審判員，ならびに『職業ハンドブック』に登場する日本料理調理人に関する記述を紹介しておこう。とくに後者に関する詳述のほどは注目にあたいする（なお，スポーツ審判員は『職業ハンドブック』ではスポーツ指導員に変更され，日本料理調理人は『職業名解説』では日本料理人であった）。

〔スポーツ審判員；大分類＝専門的・技術的職業，中分類＝その他の専門的・技術的職業，小分類＝個人教授〕
① 各種のスポーツ競技会・スポーツ興業試合の審判員（アンパイヤー・レフリー・司会など）として報酬を受け，ゲームの進行，判定をつかさどる。
② 野球，競馬，競輪，競艇，もしくは相撲その他，特定のスポーツゲームの進行をつかさどり，規則にもとづいて競技行為の当否の判定を行い，勝者や順位を決定したり，争点に関する判定を行う。
③ 専門とする競技の規則に精通していることが要求される。関係スポーツの審判員資格認定制度による認定を受け，関係団体に登録しなければ，従業できない。
④ 各種スポーツ競技団，興業団に所属している。

〔日本料理調理人；大分類＝Ｅサービスの職業，中分類＝36飲食物調理の職業，小分類＝361調理人〕

　日本料理調理人とは，日本料理をお客に提供する店で調理の業務に従事している人たちのことを言います。一般的には板前とか日本料理調理師と呼ばれています。調理師は調理師法に基づく国家資格を取得した人を言います。

　日本料理には，会席料理や懐石料理のほか，てんぷら料理，うなぎ料理，川魚料理，鳥料理など，多種多様な料理があります。それぞれ個性的に完成されているので，専門店として特定の料理を扱っている場合が多いようです。

　仕事のやり方は取り扱う料理によって多少異なりますが，一般的には新鮮

な材料（魚介類，野菜，鳥獣肉類）をきれいに水洗いすることから始まります。特に生魚類を使った料理が多いので，食中毒の危険がないよう念入りに洗うことが大切です。

　次に包丁を使って切る作業を行いますが，魚類は水洗いしながら出刃包丁，さき包丁，刺身包丁などを使ってきります。特に刺身料理は鮮度が大切な料理なので，できるだけ食べる間際に作ります。切る作業で大事なことは，できあがった料理がどのようになるかを考えて，大きさや形を頭に入れてきることです。また，美しく能率よく切るために，包丁はよくといで，切れ味をよくしておくことが大切です。

　切る作業が終わると味付け調理を行いますが，切る作業の後で下ごしらえをすることがあります。……中略……

　日本料理は味覚ばかりでなく器に盛られた料理の美しさを大切にするので，盛りつけもまた重要な仕事となります。盛りつけは料理や季節によって器を選び，四季折々の風情によって盛り付けるなど，美的センスが要求されます。……以下，省略……

　『職業ハンドブック』は「どんな職業か」に関してこう解説し，続いて「この職業に就いている人たち」「この職業に就くには」「この職業の歩みと展望」「労働条件の特徴」が解説され，最後に「この職業に関する問い合わせ先・関係団体」の紹介となる。このうち「この職業に就いている人たち」では，全国で日本料理店4万1,400軒，料亭8,500軒，一般食堂9万4,400軒，旅館8万4,200軒あり，日本料理調理人は33万人であることが説明されている（平成4，5年現在）。また就業形態はほとんど常用雇用であるが，一人前になるまでに10年程度の経験が必要と書き添えられている。

　ついで「この職業に就くには」をみると，とくに学歴・資格は必要とせず，OJTにより技能を習得するところが多くみられること，調理師やふぐ調理師の免許制度および調理技術技能審査制度による専門調理師ないし調理技能士の

資格があれば有利であることなどが解説されている。

2. フェース・シートに登場する職業分類

　国勢調査は職業その自体が調査対象になるから扱いは別になるが，どんな調査でも職業分類をどうするかは，調査を実施するうえで常に大きな課題となる。個人を対象にした消費行動や余暇活動等に関する生活実態調査，そして世論調査をはじめとする意識調査の類では，必ず回答者の属性が調査項目に組み入れられる。性別，年齢，学歴，所得，居住地といった項目の他に，属性を明らかにするための事項として職業は欠かせない。ずばり職業名を回答してもらっても集計が煩雑になるので，区分された職業分類の中から選択してもらうという方式を採用することになるからである。

　それにしても世に社会調査の類は多い。調査の目的や性格に応じて異なるであろうが，一般にはどのようにして職業を括り，区分し，分類名をつけることになるのだろうか。

(1) 括り方1

　各種の社会調査がフェース・シートに職業分類を組み入れるのは，回答内容が対象者の職業によって違うからである。

　統計数理研究所は「日本人の国民性」に関して継続的に調査をしてきているが，1983年に実施された第Ⅶ次調査の場合，職業分類は，①専門職，②管理職，③大企業事務職，④中小企業事務職，⑤家族従業者，⑥小企業主，⑦農林漁業従事者，⑧大企業労務職，⑨中小企業労務職，⑩単純労働者，⑪無職，⑫その他・DKとなっている。集計結果をみると，調査項目のうち「支持政党」に関する職業別割合は，

イ）自民党支持者：無職34％，小企業主12％，農林漁業11％，中小企業労務10％

ロ）民社党支持者：大企業労務25％，無職17％，小企業主11％，農林漁業

10 %
ハ) 社会党支持者：無職 37 %，大企業労務 14 %，中小企業労務 10 %
ニ) 共産党支持者：無職 31 %，小企業主 16 %，中小企業労務 16 %，大企業事務 11 %
ホ) 公明党支持者：無職 40 %，大企業労務 16 %，小企業主 9 %
ヘ) 新自由クラブ：大企業事務 45 %，無職 27 %，中小企業事務・家族従業者・小企業主 9 %
ト) 社会民主連合：無職 50 %，大企業労務 25 %，中小企業労務 25 %

となっている。主婦や定年退職者や学生を中心とする無職の動向が大きな影響力を発揮している中で，民社党支持者については大企業労務が 25 % と最大，新自由クラブについては大企業事務が 45 % と他を圧している。

同じこの統計数理研究所の「日本人の国民性」は，1988 年の第VIII次調査から職業分類を新方式で実施した。①農林水産業従事者，②自営の商工業主，③専門職・自由業，④管理職，⑤事務系の勤め人，⑥作業系の勤め人，⑦主婦，⑧学生・無職，⑨DK がそれである。調査項目のうちの「学歴」に関する職業別割合は，集計結果をみると，

- 小学：学生・無職 42 %，主婦 19 %，農林水産 16 %，作業系勤め人 12 %
- 中学：作業系勤め人 32 %，主婦 16 %，農林水産と学生・無職と自営商工業主 14 %
- 高校：事務系勤め人 22 %，作業系勤め人 20 %，主婦 19 %，自営の商工業主 14 %
- 大学：事務系勤め人 26 %，作業系勤め人 20 %，主婦 17 %，専門職・自由業 16 %

となっている。どちらの職業分類が適切かは別として，職業という属性による政党支持や学歴に相違がある点は明白である。

(2) 括り方2

経済企画庁が1996年に実施した「市民活動団体基本調査」によると，職業によって，従事するボランティア活動の分野に違いが見出せる。職業分類自体は，①市民活動団体の有給職員，②会社員，③公務員・団体職員等，④自営業・経営者（農業，商業，工業等），⑤専門的職業（弁護士，医師，教員等），⑥パート・アルバイト，⑦家事従事者（主婦等），⑧年金生活者・定年退職者，⑨学生，⑩その他，⑪特に特徴はないの11部門であるが，活動分野に関する集計は，家事従事者，会社員＋公務員・団体職員等，自営業の3つに集約されている。集計結果は，つぎのようになっている（経済企画庁，1997）。

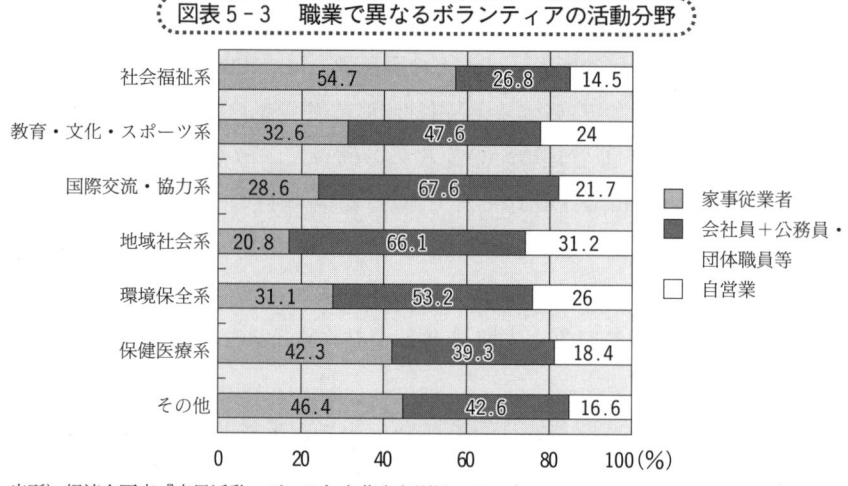

図表5-3　職業で異なるボランティアの活動分野

分野	家事従業者	会社員＋公務員・団体職員等	自営業
社会福祉系	54.7	26.8	14.5
教育・文化・スポーツ系	32.6	47.6	24
国際交流・協力系	28.6	67.6	21.7
地域社会系	20.8	66.1	31.2
環境保全系	31.1	53.2	26
保健医療系	42.3	39.3	18.4
その他	46.4	42.6	16.6

出所）経済企画庁『市民活動レポート』大蔵省印刷局，1997年

これによると，社会福祉系では「家事従事者」の割合が圧倒的に高く，教育・文化・スポーツ系では「会社員＋公務員・団体職員等」の割合が相対的に高く，国際交流・協力系と地域社会系と環境保全系では「会社員＋公務員・団体職員等」の割合が圧倒的に高く，保健医療系では「家事従事者」の割合が相対的に高くなっている。自営業の場合は，地域社会系と環境保全系に従事する

人の割合が多いようである。ボランティアの活動分野についても，職業による違いがでてくるということである。

(3) 括り方3

先に子どもや青少年の希望職業に関するデータを紹介したが，「理想的な職業」が現に就いている職業によって異なるであろう点も，十分に推察される。NHK放送世論調査所が1978年に実施した「日本人の職業観」に関する調査によると，今の職業と理想の職業とは，つぎのような関連になっている。

今の職業	1位	2位	3位
農林漁業者	農林漁業者	公務員	職人
自営業者	商店主	会社経営者	公務員
サービス・販売職	公務員	会社経営者	サラリーマン
熟練・技能職	公務員	サラリーマン	職人
一般作業職	サラリーマン	公務員	職人
事務・技術職	公務員	学校の先生	サラリーマン
経営管理者	会社経営者	医師・弁護士	公務員
家庭婦人	公務員	サラリーマン	商店主
無職	公務員	農林漁業	サラリーマン

このマトリックスによると，どの職業とも公務員願望が強く，9職業のうち5職業までが公務員を1位に指名し，2位に指名したのが2職業，3位に指名したのが3職業となっている。農林漁業者は農林漁業者を，自営業者は商店主を，経営管理者は会社経営者をそれぞれ1位に指名しているのは，今の職業との関連からであろう。3位までの中に学校の先生を入れたのは事務技術職だけで，医師・弁護士という専門職を選んだのは経営管理者だけであり，職業の違いを読み取ることができる。

三隅二不二が主催する集団力学研究所は，1982年と1992年の2回にわたっ

図表5-4　MOW調査

1. 農林水産業の作業者
2. 製造工程従事者（建設工，電気工，運転手など）
3. 機械修理工
4. 土木・建築の作業者
5. 運輸・運送の作業者（運転手，配送など）
6. 通信，電気，ガス，水道等の公益事業の従事者
7. 金融・保険業，不動産業の従事者
8. 事務職（事務員，タイピストなど）
9. セールスマン
10. 店員
11. 店員以外のサービス業従事者
    （ホテル，レジャー施設でのサービス業務）
14. 製造業の自営業
15. 教　師……次の5つからも選んで下さい
    ⎧　1．保育園・幼稚園　2．小学校　　　　　⎫
    ⎩　3．中学・高校　4．大学　5．その他の教師⎭
16. 看護婦，保健婦
17. 化学系の技術者
18. 情報処理系の技術者（コンピュータ関連）
19. 15〜18以外の専門・技術職
    （技術者，医師，弁護士，芸術家など）
20. 管理者（社長，重役，課長級以上）
21. 自衛隊員
22. フリーアルバイター
23. その他（具体的に→　　　　　　　　　　　　　　　）

上記分類項目ではよくわからない場合は，その他欄に，あなたのお仕事を具体的にご記入下さい。
出所）三隅二不二編著『働くことの意味』有斐閣，1985年

て「働くことの意味（Meaning Of Work＝MOW）に関する調査」を実施した。第1回目は日本，米国，ドイツ，ベルギーの共同企画として，第2回目は日米国際比較調査として実施されたが，そのさい使われた職業分類は，図表5-4のような23項目である。

3. 職業分類への多次元アプローチ

　職業はいくつもの要素で構成されており，個々の職業がもつ特性は1次元的な括り方では十分把握しきれない。それというのも，職業には客観的な諸要件のみならず，興味や性格といった人間の側の主観的要件が絡みあっている。したがって職業を分類し区分するには，職業を遂行するのは人間的要因をも取込むことが必要である。

　先達の手によってなされた職業分類に関する心理学からのアプローチについて，ここでその一端を概観しておこう。

(1) 心理学的職業分類

　職業心理学の先駆者であるスーパーは，職業分類に「産業」と「分野」と「レベル」という3つの基準を導入した。産業とは農業・製造業・商業・サービス・公務といった，いわゆる産業区分のことである。分野（フィールド）とは，職業の選択には人びとのパーソナリティが関与するという認識にもとづき，人びとの職業活動への興味と関心から，①戸外・身体的，②社会的・個人的，③対人接触ビジネス，④管理統制的ビジネス，⑤数学的・物理的，⑥生物学的，⑦人文学的，⑧芸術的という8つが区分された。またレベルとは，職業には相応の責任，技能，知能，教育，社会的評価がついてまわることを勘案して発想されたもので，そのものズバリ職業のランキングである。ただしこの場合のランキングは，それぞれの分野ごとに作られた段階である（邦訳『職業生活の心理学』）。

　つぎに紹介するのはロビンソン（Robinson, J.）の職業座標であり，同じく心理学的観点からのアプローチであって，関心の類似性から職業を括ろうとしたものである。「職業関心度用紙」によって調査をし，関心がどの程度類似しているかにもとづいて職業を区分する。タテ軸で対になるのは「人々を対象にする職業」と「物事を扱う職業」，ヨコ軸で対になるのは「行動的な職業」と

図表 5-5　Robinson, L. をベースにした職業区分

"人びと"
● 牧師
● 社会事業家

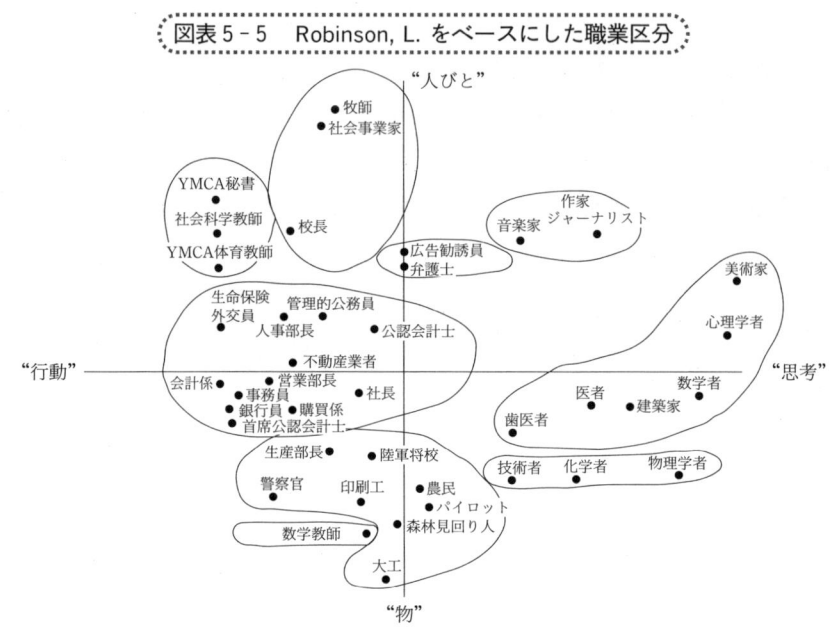

YMCA秘書
社会科学教師　● 校長
YMCA体育教師

作家
音楽家　ジャーナリスト

● 広告勧誘員
● 弁護士

生命保険
外交員　管理的公務員
　　　　人事部長　● 公認会計士

美術家
心理学者

"行動"　　"思考"
会計係　　不動産業者
　　　　営業部長　　　　　　　　　　医者　　数学者
事務員　　● 社長　　　　　　　　　　　　　　　建築家
銀行員　購買係　　　　　　　　　歯医者
● 首席公認会計士
生産部長　陸軍将校　　　　　　技術者　化学者　物理学者
警察官　　印刷工　● 農民
　　　　　　　　　パイロット
　　　数学教師　● 森林見回り人
　　　　　　　大工

"物"

出所）草津攻「職業体系と職業文化」岩内亮編著『職業生活の社会学』学文社，1975 年

「思索的職業」とである。図表 5-5 は，いくつかの職業をスポットして作図された職業座標である（草津，1975）。

これによれば，牧師と社会事業家は似たような関心をもっていることが分るが，図の中心にある社長等を含む大きな横長の丸を，草津は「経済的利益追求部門に属する職業の集団」と性格づけている。

(2) ホランドの職業分類

アメリカの職業心理学者ホランド（Holland, J. L.）は，人びとの職業行動を，6 角形のパーソナリティ・タイプと 6 角形の環境タイプの組み合わせで説明する。人びとの行動はパーソナリティと環境との相互作用によって決定されるが，人びとのパーソナリティは「現実的（realistic＝R），研究的（investigative＝I），芸術的（artistic＝A），社会的（social＝S），企業的（enterprising＝E），慣

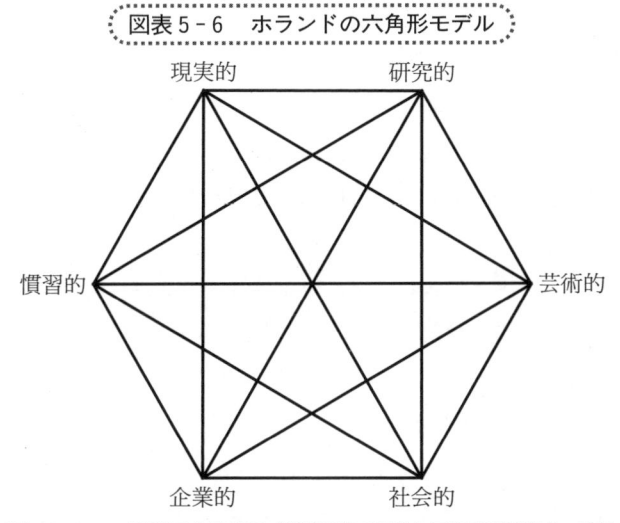

図表 5-6　ホランドの六角形モデル

```
        現実的           研究的


  慣習的                       芸術的


        企業的           社会的
```

出所）Holland／渡辺三枝子他訳『職業選択の理論』雇用問題研究会，1990 年

習的（conventional＝C）」という 6 つとの近似性から区分され，また環境は「現実的，研究的，社会的，慣習的，企業的，芸術的」という 6 つのモデルに区分される。一般に「人々は自分の持っている技能や能力が生かされ，価値観や態度を表現でき，自分の納得できる役割や課題を引き受けさせてくれるような環境を求める」から，現実的タイプの人は現実的環境を求め，社会的タイプの人は社会的環境を求める」というのがホランドの考え方の骨子である（邦訳『職業選択の理論』）。

　6 つのタイプは，相互に関連が深く類似しているもの，あるいは疎遠で関連がうすい間柄のものなどがある。図表の 6 角形はその様子を示しており，たとえば現実的タイプと研究的タイプとは距離が近くて近縁関係にあり，逆に研究的タイプと企業的タイプとは距離が非常に離れており遠縁関係にある。また研究的タイプと社会的タイプとは中程度の類似性をもっていることになる。

　なお，1 番優勢なパーソナリティ・タイプと 2 番目に優勢なパーソナリティ・タイプとが隣接している場合，その人のパーソナリティは一貫性がきわめ

て高いといえる。だが逆に，1番優勢なパーソナリティ・タイプと2番目に優勢なパーソナリティ・タイプが対角線上にある2つである場合，その人のパーソナリティは一貫性がきわめて低いということになる。たとえば現実的―研究的，あるいは研究的―芸術的といった組み合わせは一貫性が高い。現実的―社会的，研究的―企業的，あるいは芸術的―慣習的といった組み合わせは一貫性が低いことになる。

　パーソナリティ・タイプとしてどれが1番優勢で2番目はどれか，あるいはどれが1番劣勢で2番目はどれかといった個々人の「パーソナリティ・プロフィール」は，ホランド理論では「VPI職業興味検査」によって測定される。VPIは，受験者が160の職業について「好き」か「嫌い」かで答える形式の検査であるが，日本ではCPS-Jが使われている。ホランド理論にもとづいて米国ACT社によって開発されたCPS（Career Planning Survey）を，日本マンパワーにより日本版に改訂されたものである。

(3) 米国の「職業辞典」(DOT)

　米国には公的職業分類に相当する「職業辞典（DOT）」がある点を先に紹介した。多くの国はILOの「国際標準職業分類」に準拠して定めるが，米国労働省が膨大な職務分析データにもとづいて独自に作成したもので，大分類は9つに区分されている。

　専門的・技術的・管理的職業（professional, technical, and manegerial occupations）
　事務・販売の職業（clerical and sales occupations）
　サービスの職業（service occupations）
　農林漁業およびその関連職業（agricultural, fishery, forestry, and related occupations）
　加工の職業（machine trades occupations）
　機械操作の職業（machine occupations）

手仕上げの職業（benchwork occupations）
建設作業の職業（structural work occupations）
その他の職業（miscellaneous occupations）

　DOTが，同時に職業情報としての役割を果たしている点もすでに触れたが，個別情報には，①職業コード，②職業名，③当該職業が多くみられる産業分野，④当該職業の別称，⑤課業に関する記述，⑥関連職業，に加えて，⑦付加情報が5つ含まれている。付加情報には，職業の興味領域（GOE）と教育の程度（GED）も含まれている。

　職業コード（①）には「職業機能（DPTコード）」が書き込まれるが，これは当該の職業を遂行するために必要とされる機能を，つぎのようにコード化したものである。数値が低いほど，必要とされる機能が高度なことを示している。

［データ（D＝date）］データおよび人物に関する情報，知識，概念。数字，言語，記号，アイディアなど。0．総合する，1．調整する，2．分析する，3．編集する，4．計算する，5．記入する，6．比較する。

［人（P＝people）］人間同様に個性的扱いを受ける動物を含む。0．専門的助言をする，1．交渉する，2．教授する，3．監督する，4．楽しませる，5．説得する，6．話す・合図する，7．サービスする，8．指示を受ける・手助けする。

［物（T＝thing）］物質，材料，機械，道具，装置，補助具，製品など。0．据付・調整する，1．精密作業をする，2．操作・調節する，3．運転・操縦する，4．手作業する，5．監視する，6．材料を出し入れする，7．運搬する。

　仕事の対象とそれへのアプローチという点から職業の機能が説明されているが，これは「職業機能」を基準にした職業分類と理解される。求職者にとって，職業選択にかかわる有力な情報となっている点は明白である。

4. シンボリック・アナリスト

　市場の論理と IT 革命の進行によって，グローバリゼーションは経済のみならずあらゆる領域と分野で進んでいる。これによって，職業の世界でも大きな変革が起こっているが，職業に関する公式統計は職種別に分類されたままでいる。地球経済におけるアメリカ人とアメリカの本当の競争力を計り，それを強化していくには仕事をカテゴリー別に分けた新しい職業分類が必要である。ハーバード大学教授で論客として知られているライシュ（Reich, R. B.）は，こう主張する（邦訳『ザ・ワーク・オブ・ネーションズ』）。

　職種別職業分類は，経済全体が大規模の標準化された製品を生産する時代には妥当であったが，今後は地球経済に対する貢献，つまり世界市場で受ける評価と基準で捉えなおすことが必要だというわけである。ライシュが提唱するのは，ルーティン・プロダクション・サービス，インパースン・サービス，シンボリック・アナリティク・サービスという3職種への区分である。

(1) 3つのカテゴリー

　ルーティン・プロダクション・サービスとは，標準的な手順や定められた規則に従ってなされる繰り返しの単純作業職種であり，最も基本的な徳目は信頼性，忠誠心，対応能力である。情報革命は一部の人びとをより生産的にした一方で，処理しなければならない山のようなデータを生み出し，組立工場の手作業やそれ以前の繊維工場の仕事にもたとえられる，膨大な量の単調な作業を生み出したとライシュは述べている。

　インパースン・サービスもまた繰り返しの単純作業であるが，サービスは人間に対し直接的に供給される。ライシュによると，小売店主，ウエーターとウエイトレス，ホテル従業員，守衛，銀行の窓口係，病人介護や付添い人，老人ホーム介護者，託児所労働者，家庭の掃除請け負い，病人の家庭介護者，タクシーの運転手，秘書，美容師，自動車整備師，住宅の販売人，航空機のスチュ

ワーデス，診療医師，警備員などである。90年の時点でアメリカ人の仕事の3分の1は対人サービスだが，なお増加傾向にある。

シンボリック・アナリティク・サービスとは，データ，言語，音声，映像表現などシンボルの操作を取引する職種であり，シンボル分析の専門家はシンボリック・アナリストといわれ，問題解決者・問題発見者であり，戦略の発案・設計・媒介者である。ライシュが具体的にあげるのは，まず研究科学者，設計，ソフトウエア，建設，生物工学，音響等の技術者，公共関係や不動産関係の専門家，投資銀行家，法律家，専門会計士などであり，ついで経営・金融・税務・エネルギー・農業・軍事・建築などのコンサルタント，経営情報や組織開発の専門家，戦略プランナー，ヘッドハンター，システムアナリスト，広告プランナー，マーケティング戦略家，アート・ディレクター，建築家，映画監督，写真家，工業デザイナー，出版人，作家と編集者，ジャーナリスト，音楽家，テレビ・映画プロデューサー，大学教授などである。

最後のシンボリック・アナリストは，1950年以降において増加したが，1980年代に法律家や投資銀行家などの分野で仕事が増えたかにみえたが増加のペースはその後鈍化し，20％をこえていないとライシュはいう。そこが彼の危惧する点なのであろう。

(2) **地球経済に対応した職業分類**

いずれにしても現行の職業分類は，ライシュによれば現実の仕事を踏まえていない。たとえば同じく秘書に分類されていても，コンピュータにデータを入力したり訂正したり，ルーティンの作業にだけ従事している人がいる。会議の約束を取り付けたり，コーヒーを入れたりしている人がいる。シンボル分析的業務を行い，政策や戦略の立案についてトップに助言をし，外部の専門家や官公庁のスタッフから情報や提言を引き出してトップを支援している人もいる。

また販売に例をとれば，ただノルマを消化し注文に応じるだけの人，ほとんどの時間を対人サービスに費す人がいる反面で，高収入のコンサルタントと変

わらない高度な問題発見者である人もいる。

　いっぽう，すべての専門家がシンボリック・アナリストというわけではない。法律専門家といいながら，対象はまったく同じような遺言状，契約，離婚であり，仕事は単調で耐えられそうにない。会計士でありながら頭脳を積極的に使うことなく，ルーティンな監査に従事している人がいる。30年間同じ講義を続けており，その頭脳ははるか以前に退化していた大学教授もいたとライシュは付け加える。

　潜在的な問題点と未知の解決策を結び付ける手段を必要とする「新しい経済の時代」には，古い知識体系を習得したとしても，けっして高い所得は保証されない。価値があるのは，その知識をいかに有効かつ創造的に生かすかの能力である。こういった視点からの職業分類がいま求められているというわけである。

第Ⅱ部 ［考察と展望］

生き方と職業

第6章
職業的生きざま

はじめに

　スタッズ・ターケルは市井の人びとにインタビューし，職業を通しての人の生きざまを描き出して一冊の本にまとめた。登場する人と職業は120をこしたが，自分自身，声優，俳優，劇作家，スポーツ記者といろいろこなしてきた。人生悲喜こもごもというが職業生活にも楽苦が同居しており，職業をどう生きるかは人生の重要課題である。

　わが国でも職業的生きざまを扱ったインタビュー記事は多いが，特定の1人が対象になった伝記や自伝の類もまた多い。そこには酪農，歯科医，ケースワーカー，コック，料理講師，女子プロレスラー，俳優，アナウンサー，新聞記者，葬儀屋，ポン引き，看護婦，住職，教員などなど多彩な職業の生きざまが描き出される。そういった日本版職業物語を通して，われわれは，職業にかかわる諸条件が人びとのライフスタイルや生き方とどうかかわるかを検討することになる。

　若いときから就きたい職業を決めている人もいるだろうが，1度，2度，3度と転職し職業遍歴を重ねる人もあるだろう。いったい「仕事は人生の手段」なのか，「職業は人生というドラマの舞台」なのか。職業そのものの違いや，職業ごとに異なる職業と生活の実態，職業と人生との関係といったことを解明しようとするとき，職業的生きざまを主題にした書物は，われわれに多くの示唆を与えてくれる。まちがいなく，生き方を考えるうえで，貴重な資料となるだろう。

　第4節では，「職業ごとの職業特性」を把握するための分析図式を提示した。

1. ドキュメンタリー・職業

　職業を通じて，人は自分の成長を喜び，社会との強い結びつきの中で生きていることを実感する。しかしながらまた，人間関係の煩わしさに迷い，生活の支えに届かない報酬の低さを嘆くこともあろう。人生悲喜こもごもというが，職業生活にも楽苦が同居している。職業百態なら，それを通しての生きざまも百態というところである。人は職業をどう生き，職業は人びとの生き方の中でどう位置づけられているのか。この章では，その現実に目を向けてみよう。

(1)　スタッズ・ターケルの世界

　人の生きざま，生き方を扱った書物は多い。伝記や自叙伝，人物論や偉人伝のほか，ドキュメントや小説を通して人びとの生き方は数多く紹介されている。生き方を扱った書物には，ロングセラーを続ける場合も多い。わが国では，たとえば司馬遼太郎や城山三郎の場合がそうであるが，2人には対象人物に領域がある。司馬では歴史上の人物に焦点をあてられ，歴史を通して人物が語られ，人物を通して歴史が語られ，その絶妙な描き方に人びとは魅了される。いっぽう城山は経済人に照準を定める場合が多く，時に名もないサラリーマンを題材にすることもあるが，実業家や経営者を対象としたものには定評がある。

　そんな中でターケル（Terkel, S）は，多くの市井の人びとを対象に，その職業生活に目を向け，生き方論に新しい境地を切り開いた。つまりターケルは，人びとの生き方の全般ではなく，職業を通しての生きざまに焦点をあてて，文字通りの大著をものにした。

　登場人物は133人，職業の種類にすると120ぐらいであろうか。同じ職業の人が3人とか2人とか登場し，また主婦が入っていたりして両者の数は一致しない。それにしても多人数であり，これらの人達にターケルは個々にインタビュして回ったのであった。彼を助けて，何と何百万語もの話しことばをテープ起こししてくれた人びとの支援で，書物は1972年に刊行された。原書名は

『WORKING』。「ふつうの人のふつう以上の夢」と題する「はしがき」からはじまっている（邦訳『仕事』）。

ターケルは1912年の生まれだが、「いろいろな仕事をやった。声優、俳優、劇作家、スポーツ記者。ラジオの声優ではギャング役が多かった」と自身述べている（「朝日新聞」1992年1月4日）。インタビュアーとしての名士ぶりを買われ、以前に2冊のドキュメンタリーが出版されている。この書物に感嘆した人は日本でも多かったが、翻訳が出版された3年後に『日本人の仕事』（平凡社）を世に出した鎌田慧は、その本のまえがきでこう書いている。

スタッズ・ターケルの『仕事』の出現は、わたしにとって衝撃だった。菊版706ページにおよぶその本の中で、133人のアメリカ人が、自分の仕事と生活について語っている。日本のジャーナリズムでは考えられない骨太な仕事である。

それまで、わたしも全国をまわって、数えきれないほどの労働者や農民の話をきいていた。しかし、それをそのまま本にしようなどとは考えたことはなかった。わたしが書いたものは、彼らが語った言葉のほんの一部であり、それも自分のテーマに沿って切り取るだけであった。もちろん、すこしでもナマの声で伝えようと努力はしてきたし、数多くの実名として登場して頂いている。しかし、たとえそうだとしても、それはやはり彼らが語った言葉の一部でしかない。たまたま人生について話がおよんだにしても、テーマと関係のないものはそのまま聞き流してしまっていた。それがいかに相手にとって不満だったか、自分にとってもったいないことだったかを、ターケルの仕事によってつきつけられたのである。

ジャーナリズムの中で暮らしていれば、相手との関係はそのようなものとなる。人生のほんの一瞬の発言を捉え、それを切り刻んで自分の仕事の材料にする。つまり、誰もターケルのように人民の証言によって、馬鹿でっかい本をつくろうなどとと考えなかったのである。それは、コロンブスの卵だった。

(2) アメリカ職業物語

　ターケルの『仕事』には120にも達する数の職業が登場するが，それに従事する人びとの生きざまもまた多彩にして多様である。これを読む日本人のあいだで，興味と関心の対象，そこから受ける印象はいろいろであろう。それにしても，人はそれら職業のどれに，そしてどのような生き方に深く興味と関心をもつのだろうか。1992年の冬に都民カレッジに出講したおり，受講生（中心は中高年の男女）にアンケートをしてみた。図表6－1のような職業名リスト（『仕事』の目次）だけを示し，読んでみたい，知ってみたい職業名を2つチェックしてもらったが，結果はつぎのようになっている。

- 5人―田舎風なんでも屋，興信所調査員
- 3人―尼から按摩へ，元ボス，専業主婦，オーガナイザー
- 2人―売春婦，大工兼詩人，映画評論家，葬儀相談員，俳優，多国籍企業体元会長，バーのピアニスト
- 1人―写真家，モデル，ヘアー・スタイリスト，ホテル従業員，株仲買人，無職，坑夫，墓堀り，製本職人，農場季節労働者，職業セラピスト，工場技能工，政府広報担当者，ゴミ回収，編集者，家政婦，会計監査人，銀行会計検査主任，弁護士，老人ホーム看護人，長距離トラック運転手，スチュワーデス

　全受講者29人のうち5人ずつが，120もある職業の中から田舎風なんでも屋と興信所調査員に目を向けた。きわめて高度な集中度だと思われるが，いったいなぜそうなったのであろう。そして按摩や元ボスや専業主婦やオーガナイザー，さらには売春婦，大工兼詩人，映画評論家，葬儀相談員，俳優，多国籍企業会長，バーピアニストといった職業についても，なぜ人びとは関心をもつのだろうか。興味は津々であるが，いったい田舎風なんでも屋と興信所調査員とは，どんな生き方をしているのだろうか。

図表6-1　ターケルがインタビューした職業

〔1〕地に働く；農業，農場季節労働者，農家の女，坑夫とその妻，露天掘り，クレーン運転手
〔2〕コミュニケーション；受付係，ホテルの電話交換手，電話交換手，大学教授・コミュニケーション専攻
　　つっつき順位；スチュワーデス，航空券予約係，モデル，重役秘書，売春婦
　　百姓娘のことを聞きましたか？；脚本家兼プロデューサー
　　コマーシャル；コピー主任，俳優，プレスエージェント，月賦販売促進係，新聞予約電話勧誘員
〔3〕かたづける；ごみ処理トラック運転手，ごみ回収，洗面所係，家政婦，管理人
　　見張る；ドアマン，警官，興信所調査人，写真家，映画評論家
〔4〕悪魔の恋人たち；〈つくる〉スポット溶接工，補てん工，部品補給係，工場長，監督長全米自動車労働組合ローズタウン支部長，〈ころがす〉タクシー運転手，バス運転手，長距離トラック運転手，〈とめる〉駐車場係，〈売る〉自動車セールスマン
〔5〕外見；床屋，ヘアー・スタイリスト，化粧品セールスウーマン，歯科医，ホテル従業員，バーのピアニスト，管理人（元セールスマン）
　　数える；銀行出納係，会計監査人
　　フットワーク；組織オルグ，製靴工場の注文係，郵便配達，ガス検診員，スーパーマーケット補助員，スーパーマーケットのレジ係，空港手荷物運搬係，かばん工場のフェルター加工，ウエイトレス
　　主婦業；専業主婦
〔6〕静かな生活；製本職人，薬剤師，ピアノ調律師
　　売買；不動産業，ヨット仲買人，株仲買人
　　官僚制；計画担当官，政府広報担当官，事務連絡担当官
　　組織づくり；オルガナイザー
〔7〕スポーツ人生；騎手，野球選手，スポーツ記者，テニス選手，ホッケー選手，フットボール・コーチ
　　経営責任者；テレビ・ラジオ会社重役，工場主，銀行会計検査主任，元ボス，その他，多国籍企業体元会長
　　肝ったま父ちゃん，母ちゃん；田舎風なんでも屋
　　ひまな人生と定年後の思い出話；無職，元鉄道員，元発送係
〔8〕チャリー・ブロッサムの時代；コピーボーイ，出版業，校正係，デパート店員，ジャズ奏者，会社重役，パン製造共同組合長，病院看護助手，保母，公立学校教員，ニュースクール教員，職業セラピスト，病院の集金係，老人ホーム看護人，葬儀相談員，墓堀り
〔9〕クイズ狂と大工；植木職人，大工兼詩人
　　天職を求める；編集者，インダストリアル・デザイナー，尼から按摩へ
　　転業；元セールスマンの農夫，弁護士，司書，石工
　　父と息子；ガソリンスタンド経営，その息子・パートナー，製鉄所労働者，その息子・神父，成人学級教員，荷物エレベーター係，その息子1・警官，その息子2・消防士

出所）ターケル著／中山他訳『仕事』晶文社，1983年

田舎風なんでも屋とは、1943年からシカゴの労働者階級地区で営業している、父ちゃん母ちゃん式のストア。食品雑貨と進物用品が中心だが、「商品一万点在庫」を看板にかかげて、たばこ、アイスクリーム、絵の具、クレヨン、文房具、薬品類、アルコール、衣装、装身具、グリーティングカードと客がほしがるものは何でも扱っている。地域の人たちとは顔なじみで客のまず95％は名前を知っているという具合であって、人間的ふれあいに包まれて商売は順調になされてきたわけだが、工場が移転し、都市化が急速に進行するにつれて新しい住民がふえ、コミュニティは崩壊していく。その影響は、商売の内容にいろいろと圧迫を与えることになる。こげつきが増え、商品の盗難事件が頻発し、若者やヒッピーが店荒らしをし、強盗にしばしば襲われ、悪徳警官のいやがらせは度を越した激しさとなり、夜中だろうがなんだろうが一年中いやがらせの電話がかかるようになる。とにかく「あら！お元気」と声をかけても、客は返事もしないし、おしなべて不機嫌な顔をした客ばかりが増えちゃった。いまとなっては、永久に店を続けようなどとは思ってもいない。第二次大戦後、世の中の道徳がすっかり地に落ちて、個人の商売はやりづらくなってしまった。店のご夫婦は、インタビューに応えてこんな風に語るのである。

　受講生は、田舎風なんでも屋という商売に、なんとはなし郷愁のようなものを感じ取っていたのだろう。文明の最先端をいき、スーパーやデパートが幅を利かしていると思われるアメリカで、田舎風なんでも屋なんてのが存在するというが、いったいそれはどうしてか、知ってみたいという受け止め方ではなかったのだろうか。事実この商売は、アメリカでも瀕死の重傷をおって衰退の憂き目にあっているようである。

　興信所調査員というと、われわれは結婚や就職のさいの身元調べを連想する。しかし現代社会にあっては、産業化の波を受けて、この商売の発注元は個人から企業へと代わってきているのである。あるパン屋でバターが長期にわたって盗まれている、トラックの強奪事件が頻発する、レストランで週末になるとビ

ールやソーダがケースごと運び出される，ある工場で労働争議が発生したといったことになると，うちの会社に引き合いが来る．とにかく興信所の秘密防諜員というのは，雇用が急増している職種なんだ．給料はいいし，年に3～4回も昇給するし，クリスマス・ボーナスもたっぷりもらえる．とにかくわれわれは世界一の役者であって，十分に職業訓練を受け，荷物運搬係とか衛生監督官になりすまして調査にあたる．しかしスパイと分かれば生きては帰れないことだってある．デパートで年間に30億ドルがむしり取られる時代背景の中で，社会の安全保障を担う産業であり職業なのであって，警察にも山ほど情報を提供してお役に立っているんだ．インタビューを受けて，この興信所調査員はこんな風に答えるのである．

　受講生は，興信所調査員の仕事や生活様式を通して，社会の裏側を知ることができると予想したのではなかろうか．人間としての悩みや生活上のさまざまな苦労の現実を，この職業を通して学習したいと思ったのであろう．しかしわれわれが学んだのは，先の田舎風なんでも屋の父ちゃん母ちゃんの証言と近いものであり，現代社会の荒んだ世相，人情味のなさ，道徳的頽廃ぶりである．職業の変化は，それを上まわる社会変化の産物である．

2. 日本版職業物語

　アメリカ職業物語がわれわれに語りかけたことは，産業化や近代化の進展とともにみせる職業生活の変化と荒廃とである．アメリカと日本に象徴的な現象のようであるが，商店主など自営業者は激減し，職業を通して味わえた人間的交流は昔のものになっている．

　同じく興信所調査員といっても，発注主は個人から株式会社に変更となり，仕事の内容や使命もすっかり変わってしまった．時代の進化とともに職業の実態は変動するが，職業の変化は人の生きざまを確実に変えていく．

(1) 日本人の仕事

ターケルの翻訳刊行に刺激されて鎌田は『日本人の仕事』を企画し，協力者を募った。応募総数は 30 人に及んだが，フリー編集者，テレビ番組の制作者，フリージャーナリスト，新聞社社外編集委員，ミニコミ情報誌の編集者，週刊誌記者を経て現在フリー，「週刊現代」記者，「社会新報」支局長，フリーのイラストレーター，学習誌の編集長，朝日新聞記者といったようにコミュニケーション・メディアにかかわっている人が多かった。いつもテープレコーダーをもち歩いて仕事の合間の取材であったが，収録された人びとの数は 145 人，刊行は 86 年である。はしがきで，鎌田は次のように述べている。

集まってきた話は，仕事についてのものが多かった。が，わたしが考えたのは，仕事の説明ではない。ターケルのタイトルが『仕事』だったこともあってか，その後，日本で出版される本の多くは仕事の話に終始している。もちろん，80 年代の仕事を記録しておくのは意味のないことではない。しかし，仕事は人生の手段である。大事なのは仕事をしているひとたちの人生であり，人生についての感慨である。

つまりターケルとは，職業と人物との掲げ方が逆になっている。ターケルの場合に目次は職業名一覧であるが，鎌田の場合は生きざまをメインタイトルにし，職業をサブタイトルにしている。人びとの生きざまを，職業ごとに記述するという方式であるが，職業や仕事よりも人びとの生きざまや人生のほうにアクセントがおかれている。要するに鎌田にとって，興味の対象は生きざまであり，人生の処し方なのであろう。

本書の関心はこれとは少々違い，職業がどう生きざまとかかわり，どう人生に影響を与えているのかに照準をすえる。それに「仕事は人生の手段である」という認識方法はとらず，前に登場した松田良一の「職業は人生というドラマの舞台である」（松田，1991）という言い方に共感するスタンスである。職業に

第 6 章　職業的生きざま

照準をすえると、「仕事や業務内容などひとつひとつの職業の内側」に立ち入ることになるわけで、そういった職業にかかわる諸条件が人びとのライフスタイルや生き方とどう関係するかを検討することになる。

そうはいっても『日本人の仕事』は、目次をみれば明らかな通り、人びとの生き方を仕事で括っているわけであって、人びとの職業的生きざまを主題にした著作であることに間違いない。仕事の内容がよく分かるものに限ってその「括り方」をいくつか取り上げてみれば、命を預かる、海に生きる、耕す、鉄をつくる、車をつくる、船をつくる、治す、掘る、腕をふるう、海を渡る、運ぶ、賭ける、育てる、娯しませる、売る、拵える、見せる、伝える、粧う、癒す、裁くといったようになる。

むろん腕をふるう、育てる、拵えるなどといっても、それだけで職業や仕事の内容が判然とするわけではない。たとえば育てるには、中学教師、塾講師、幼児の進学塾のほか玩具小売商と子供商品製造販売も括られている。この本には、「仕事から社会が見える」という側面もありそうだ。ゼミ生にターケルと鎌田の著書から、それぞれ興味と関心のあるのを1つ選んで感想文を書かせたことがあるが、学生たちが『日本人の仕事』から選んだ職業は次のようであった。1993年のことである。

　酪農、歯科医、ケースワーカー、コック、料理講師、女子プロレスラー、バンドマン、モデル、便利屋、アナウンサー、クギ師、新聞記者、葬儀屋、モデラー、ロッテリア店長、スチュワーデス、サラリーマン金融、ポン引き、リハビリテーション看護婦、時計屋、住職、西陣織、助産婦、証券マン。

いかにもカタカナ職業が多いようだが、葬儀屋、住職、西陣織、助産婦、時計屋など古めかしい職業も選ばれている。中に、名前は違っても職業というのはけっこう昔から存在しているものだという指摘があった。コック、クギ師、ポン引きなどは、新しそうにみえて必ずしもそうでないといった種類の職業なのかもしれないが、モデラー、ファーストフード店の店長、サラリーマン金融、リハビリテーション看護婦といった職業は新しい部類に入るだろう。証券マン

は，ときあたかもバブル経済がはじけて奈落の底に落とされた職業ということで関心がもたれたのであろう。だが選択の基準を読み取るのは難しい。

(2) わたしの仕事

　日本人の仕事を，たくさんの人たちへの取材を通して綴ったドキュメントには，もう1つ今井美沙子の手になる『わたしの仕事』がある。1993年の増補改訂版には260人が語った222の仕事が登場するが，取材は1985年頃からはじまり，漸次いくつかの雑誌に寄稿されたものがベースになっている。本のタイトルを，思案のすえ「わたしの職業」でなく「わたしの仕事」にしたというが，「仕事ということばは，その人の生き方を含めて，あたたかさが感じられるのは，わたしだけの思いでしょうか」と書いている。職業には社会的役割，社会的責任，社会的地位，そして社会規範や社会的拘束といったように，社会的な存在性がついてまわるという意味あいを指すのだろうか。「今の日本にこんなにたくさんの職業があり，こんなさまざまな生き方がある……。読む人をはげます心あたたかな人生案内の書」と紹介されている。

　リストアップされた仕事と人とは，大きく11のブロックに分類されている。各ブロックから1つずつをピックアップしてみると，最初の蒲鉾屋をかわきりに，和菓子職人，司会業，タウン紙編集，獣医，放送記者，板前，クリーニング，鳶，哲学者，ファッションデザイナーと続いて最後のブロックの臨床検査技師で終わる。自然のめぐみや喜びを売る人，伝統を守る人，生きるエネルギーを売る人，活字や映像をつくる人，命と健康を守る人，日常の生活を支える人，教える人・学ぶ人，生活を楽しく豊かにする人，その他といった括りになっていると理解される。

　わたし自身が興味をひかれた仕事と生き方の代表として，1つだけ引用させてもらうことにしよう。私立大学を出たあと10年間を東京で生活し，29歳のとき「思うことあって，大阪へ帰り，仏教大学へ編入学し，3年かかって僧侶となり」，大蓮寺副住職をつとめている僧侶のことである。1990年のインタビ

ューであるが，時に当事者は齢34。

　宗教というものに対して一番近づけるのは今の世に生きている人びとじゃないでしょうか。現在では，気持ちがいいもの，おいしいもの，早い（速い）もの，そういうものに価値をおきたがるけれども，そうではない価値というものの存在が必要なんです。お金とか土地とかではなくて，身を横たえる気持ちのいい世界があるということも知ってもらいたいですね。
　ぼくね，この恰好で外へ出ます。電車にも乗ります。まったく抵抗ないし，自分自身を強く認識できます。都市において異人かもしれないが，異人が認められる世の中じゃないとだめですよ。異人イコール生活者なんですよ。
　お坊さんは，お寺に生まれた人だけがなるものだとタブー視してもらったら困ります。『DODA』の読者の方だって可能性はあります。
　在家の方で，20代の前半，生きることに悩んでたときにあるお坊さんとの出会いがあり，人間とは何かということを学ぶうちに，お寺へ入ってみないかと勧められ，その気になって，ぼくが修行してたときに一緒に修行してお坊さんになった人がいます。
　坊さんていいですよ。転職するとき，坊さんを考えてもいいんじゃないですか。転職する場合，選ぶときの価値観として，休み，給与などの条件で仕事を選ぶけれど，われわれの仕事は，ほとんど休みなし，年俸なしだけど，小欲知足を知れば，天職だと思ってますよ。
　何がトレンディといっても，最先端の仕事だと思いますよ。さっきもいったけれど祈りのデザイン，心のデザインができるって，やっぱりトレンディですよ。ぼくにはね夢があるんですよ。
　門弟をたくさんかかえてね，大勢でね，ご飯をたべたいという夢がね。

　「思うことあって」転職をしたわけであるが，さて，その「思ったこと」とは何であったろうか。そして，「思い」は叶ったのであろうか。

3. 多彩な職業的生きざま

　人生を語り，生きざまを綴った書物はよく読まれる。一昔まえは，人生論は若者にとって必読の書であった。多くは，人生いかに生きるべきかを説いた哲学の書，思索の書という位置づけであった。産業が発達し経済が成熟した現代社会にあっては，「生活をしていく」という次元でいえば，曲がりなりにも生きていくことは可能である。人生論や哲学書は，いつのまにか書棚から遠ざけられてきている。

　そのためもあろうか，現代日本社会では，精神の荒廃が問題視されるようになっている。観点は以前とは異なるが，豊かなキャリア形成に向けて，人生いかに生きたらよいかに多くの人びとが関心を寄せるようになっている。職業ドキュメンタリーは，そのさいの格好な伴侶になるだろう。

(1) 文献・職業ドキュメンタリー

　職業が，われわれの生き方に大きく関わることは明らかである。だから，これまでも人生を論ずるときには職業に言及することになるし，職業を論ずるときには人生における職業の位置や意義に触れることが多くなる。ただそのさいに職業と人生のいずれに焦点をおくか，2つのものの扱い方についてはウエイト差がでてくる。いわゆる就職案内や職業ガイドブックの類は前者に力点がおかれることになるが，それでも賃金や労働時間など勤務条件が紹介される段になると，生活や人生とのかかわりで職業が説明されることになる。

　職業と人生，ないし仕事と生活に関するドキュメンタリーとして，これまでに別役，ターケル，鎌田，今井らの手になる著作を取り上げてきたが，国内にかぎっても同じような企画は他にもけっこうある。

　これまでの著作と同様いろいろな職業と人に焦点を当てたもので，ごく早い時期のものとして『ライフ＆ワーク』（別冊・宝島，1978）がある。「商業デザイナー〇〇〇〇」，「芸能マネジャー△△△△」といったように，職業名を冠し

た人物ルポルタージュであり，職業と人生との繋がりがよく表出されている。『人生読本「仕事」―生きがいと生活を賭ける』（河出書房新社，1979）もまた同類であるが，随所に有識者の職業観・仕事観が囲み記事になっており，職業論としての色彩が強いものになっている。

また阿奈井文彦『アホウドリ大全』（現代書館，1985）には，1970年から79年の10年間における仕事と生きざまにかかわる101のケースが収録されている。この場合も取材によるが，あとがきで著者はこう書いている。「商売は草の種」であり，世に生業の種は尽きない。全101の堂々と暮らす語り手たちを通して，この国の，とりわけ70年代の様相が多少とも伝われば幸いである，と。職業は世の連れということか。さらに猪瀬直樹の一連の著作，たとえば『日本凡人伝』『日本凡人伝―二度目の仕事』『死を見つめる仕事』などは，人びとの生きざまと職業の関連を扱ったドキュメンタリーそのもの。沢木耕太郎の『彼らの流儀』，佐山一郎の『「私立」の仕事』などもこの類に入る。

それにしても調べてみて驚くのは，仕事や職業に関するガイドブックの多さである。これらも，多少は仕事と人間，職業と人生との繋がりに言及するが，「シリーズ企画」として，『職業と人間シリーズ』（中経出版，1977初出），『インタービュ「仕事」・全16巻』（日本経済評論，1985初出），『プロの世界―仕事の魅力シリーズ』（ダイヤモンド社，1991初出）などであるが，『なるにはBOOKS』（ぺりかん社）は70年代から今日まで110を越える職業を紹介してきている。

これらは，会社での仕事はどんなものかを解説するのが本旨であり，要するにどう会社に就職するかに焦点がある。ところが『シリーズ〈就職しないで生きるには〉』（晶文社，1982～85）は，会社に就職しないで生きていく法が主題となっている。「ぼくは本屋のおやじさん」「包丁一本がっばったンねん」「みんな八百屋になーれ」などで構成されており，起業し，開業し，一本立ちしてSOHOをめざせと教えている。

これは，いわば就社（会社に勤める）だけが就職ではないと説いているわけであり，バブル経済崩壊後声高に叫ばれていることが，実は1980年代から主

張されていたことになる。

(2) 職業ごとの人と仕事

職業的生きざまドキュメンタリーとしては，他に特定の職業を選定し，それに従事している人びとの仕事と生活と人生にスポットを当てる形式のものがある。書物としては，このほうが多い。たくさんの職業を対象にするのではなく，特定の専門的職業について，該当する幾人かの専門家を登場させるやり方である。当該職業の特性は，それだけ浮き彫りにされるわけである。

ただしその場合も，職業それ自体の叙述に焦点をおいているのと，職業を通じての生きざまに焦点をおいているのとが大別される。前者は，たとえば鷲谷善教『社会福祉労働者』（ミネルヴァ書房，1968），市川昭午『専門職としての教師』（明治図書，1969），石井成一『弁護士の使命・倫理』（岩波書店，1970），潮見俊隆『法律家』（岩波新書，1970），南条薫『日本の看護婦』（三一書房，1970），中野秀一郎『現代日本の医師』（日経新書，1976），加藤和雄・木内宏『新聞記者』（合同出版，1978），大谷晃一『現代職人伝』（朝日新聞社，1978），足立忠夫『職業としての公務員』（公務職員研修所，1978），堀井令昭一『ことばの職業』（日本評論社，1980），新堀通也『学者の世界』（福村書店，1981），中薗英助『スパイの世界』（岩波新書，1992）といったところ。従来から教師と職人はしばしば取り上げられるが，近年は弁護士と医師がよく題材になる。

いっぽう後者については，文筆家等の手になるものとして室伏哲郎『芸術家の魂』（サイマル出版会，1978），小菅桂子『甘辛の職人』（鎌倉書房，1980），三浦昇『名人中原誠』（新潮文庫，1980），国分綾子『京の女将たち』（柴田書店，1980），鹿島茂『デパートを起こした夫婦』（講談社新書，1991）などがある。いずれもドキュメンタリーなタッチとなっている。

異色は，真・善・美研究所編『新しいパパ買って―ホステスを生きる160人の母と子の記録』（青い鳥双書，1977）である。6年間にわたって雑誌に掲載された膨大な手記の中から編纂されたものだが，ホステスという職業とホステス

の生きざまをあますところなく語っている。考えさせられるのは，ホステスになったことで経済的のみならず精神的に自立への道を見いだしている女性が多いということ，また周囲がそれをよく支えているという事実である。仕事を通じて個人は自立への道を歩むことができるが，仕事の場を提供し，仕事の処し方を教えてくれるのは他人なのである。ある1人がこう書いている。

　この店に入店して私は変わりました。すべて変わりました。こうして今一人で生活していると，自分の思ったことが言えるようになり，自分の意志というものを持つようになりました。人の考えに左右され，自分を見失うということもなくなりました。私はつよい人間になり，正しく生きたい，それがどんなことかはまだつかめませんが，とにかくまじめに生きたいのです。

　内部で出来高を競い，昇進・昇格競争に憂き身をやつす職場砂漠の様相は，この叙述からはうかがいしれない。共に助け合い，生活を支えあっていこうとする様は，現代の職業的世界にはそうみられないだろう。ホステスの仕事，ホステスの職場，そしてホステスの身の処し方じたいが，大きく変わってきているのではなかろうか。

　職業的生きざまという視点からすると，自著の中により面目躍如たるものが多い。古い順に，沖中宣雄『医師と患者』（東京大学出版会，1971），井上浩『労働基準監督官』（日本評論社，1979），小関智弘『大森界隈職人往来』（朝日新聞社，1981），吉野源三郎『職業としての編集者』（岩波新書，1989），尾崎魔弓『悪役―ザ・ヒール』（実業之日本社，1990），森英恵『ファッション』（岩波新書，1993），永井明『ぼくが医者をやめた理由』（平凡社，1993年），佐渡裕『僕はいかにして指揮者になったのか』（はまの出版，1995）などが，通常の自伝とは一味ことなる職業的生き方自叙伝になっている。

　この種の著作はとにかく夥しい数に達する。取り急ぎ文庫判と新書判に限ってリストアップしてみれば，岡茂雄『本屋風情』，河井信太郎『特捜検事ノー

ト』，春風亭小朝『こわさ知らず』，赤塚不二夫『笑わずに生きるなんて』，渥美雅子『女弁護士の事件簿』，石射猪太郎『外交官の一生』，池島信平『雑誌記者』，伊藤栄樹『検事総長の回想』，内田栄一『浅草寿司屋ばなし』，栗原雅直『壁のない病室―ある精神科医の記録』，斉藤茂太『精神科の待合室』，杉山章象『わたしは鍵師』，辻嘉一『包丁余話』，辻村ジュサブロー『人形曼陀羅』，出射義夫『検事の控室』，深沢敬次郎『いなか巡査の事件帳』，三浦雄一郎『スキー武者修行』，梁石日『タクシードライバー日誌』，吉澤謙吉『外交六十年』，淀川長治『淀川長治自伝』，飯田善国『彫刻家・創造への出発』，兼坂祐『わが農業革命』，茂山千之丞『狂言役者―ひねくれ半代記』，鈴木栄助『ある盲学校教師の三十年』，長倉洋海『フォト・ジャーナリストの眼』，藤沢秀行『勝負と芸―わが囲碁の道』などである。

　こういった職業的生き方自叙伝の中から，その内容の一端を，山本安英の『女優という仕事』（岩波新書，1992）についてみておこう。

　山本は「戦前戦後を通じて日本の演劇を代表する俳優であり続けてきた」だけにまったく演劇だけで歩んだ人生であった。趣味をもつ時間もなく稽古，舞台，放送と追われどおし，いわば仕事一筋に生きたようである。喜びというのはごくたまに，ほんの瞬間のように短い時が与えられるだけで，あとはしんどいことの連続のような気がする。そのくせ，文筆家や画家，そして実業家の場合とはちがって，仕事の実体は何ひとつ跡をとどめるということがない，と述懐している。

　それほど仕事一筋に徹しなければならないのは，基本的には役を演じること，役に「扮する」ことの難しさに由来するのではなかろうか。「いろいろな性質を抜きがたくもってこの世に生み出され，そして今日までさまざまな体験を重ねながら，十数年あるいは何十年という生活を送ってきたこの現在の自分というものが，その役に扮するのだということ，それがまず根本にあります。その意味で俳優というものは自分自身をはっきりとつかむと同時に，まず最初に，自分の欠陥を発見して意識的になおしてゆくこと，そういう基礎勉強からはじ

めて，役の人物をつくる仕事にやっと入ることができるようになるわけです」と述べるその語り口には，職業としての厳しさがうかがえる。自分をみつめ，自分を超克していくことなしには役者になれない。

だから，単に勉強すれば，努力すれば済むというわけにもいかない「演技以前のこと」が俳優には要請されるのだろう。「ラブシーンを例にとれば，恋人同士が抱き合い接吻するという場面を，ひとつの形として美しい線とポーズで見せることはできても，そういう形で外に表れる以前の心の問題は表現できない。お互いの意思表示の方法として，はっきりとことばに出して愛を語るためには，人間が解放されていませんと，ほんとうのことばが自分の中から流れだしてこないものだと思います」と述べるのである。

(3) 職業遍歴が綴る自伝

若いときから，自分なりに就きたい職業とは何かをしかと心に決めている人はどのくらい居るのだろうか。現実には，めざす職業や適職が分からない人のほうが多いだろう。

希望する職業や適性にあった職業を強く求めながら，その願いをなかなか叶えられない人もまたたくさんいるだろう。小説家をめざし，歌手になろうとするが一挙には難しい。となると，とにかく生計を成り立たせることの必要性から職をもつ。しかし，それは仮の宿であるからあまり身が入らないということにもなるのだろうか，転職をする。1度ならず2度，3度と変わる。これが職業遍歴というものである。

なかには，なんとなく職業遍歴を重ねてしまったというケースもあるだろう。だが人の一生を通してどこまでも「なんとなく」という職業遍歴は，職業的生きざまを主題にすえている本書としては視野の外におくことになるが，水上勉は職業遍歴を重ねたすえ直木賞受賞に輝くほどの一流作家になった。そして82年，62歳の時に自らの生きざまをふりかえり『働くこと　生きること』を書いた。「9つから家を出て，いろいろななりわいを見てきた。またそれらの

職業にもついて，辛酸をなめたというときこえはいいが，挫折したり，ちょっと成功してみたり，すぐいやになってやめてしまったり，かぞえればきりがないくらいのなりわいについた」と書いている。

　このメッセージで留意しておきたいのは，なりわい（生業）という表現である。水上はいろいろな生業を見てき，数えきれないくらいの生業に就いたと述べているわけだが，生業とは「生活していくための仕事，世わたりの仕事」（『国語大辞典』，小学館）ということ。ニュアンスからすると食うため，生計を維持する必要性から発する人間的営為である。職業が意味するのはこれとは少し違うわけだが，職業遍歴という場合の職業には，なりわい（生業）という意味合いが強いようである。水上に，当初からめざす仕事があったのかどうかは不祥であるが，とにかくいろいろな職業に就いてきた。

　それがいくつであったかもこの本からは分からないが，就いた職業をふくめ，自分が生活を通してかかわりをもち，その意味で自分の生き方に影響を与えた，あるいは自分にとって身近であり自分でもよく承知している職業ということであろうか，この本には，棺づくり，むぎわら膏薬，つるしんぼ，役所づとめ，苦力監督，山奥の保線工，代用教員，竹人形師，修道僧が登場する。

　職業そのものの違いや，職業ごとに異なる職業と生活の実態，職業と人生との関係といったことを解明しようとするとき，水上の職業遍歴は貴重な資料となりうる。もっとも，それらの職業ないし生業の１つひとつを，しっかりと遂行してきていればであるが。

(4) 組織仕事人の生きざま

　さまざまな仕事や職業にドキュメンタリータッチでアプローチした著作として，山根一真の『メタルカラーの時代』に注目しておきたい。ホワイトカラーの背後で人類未踏の仕事を続けてきた，「輝く襟」をもったメタルカラーに光があたる時代がきたという問題意識のもとにインタビューをかさね，84人のメタルカラーを登場させている。1996年に続が，1999年に続々が刊行された。

第6章　職業的生きざま

　ここに登場するメタルカラーたちは，すべて企業に所属する仕事人である。現代社会においては，「大きな仕事」は事業として企業によって遂行され，職業もまた組織仕事人という形式をとるということが，このドキュメンタリーによって再認識させられる。またこのドキュメントにおいて展開されるのは，仕事や事業の仕振りが中心であって，生活の様子やライフスタイルや人生哲学など，生きざまにかかわる要素にはあまり触れられていない。文字どおり会社人生，仕事人間に徹する日本型組織人の生き方が浮き彫りになっている。
　百万ボルトの送電線を空中高く架設する，明石大橋用の巨大な主塔を建てる，通信衛星を宇宙に向けて打ち上げる，ビルも切れるマッハ2.3の水刀を製作するといったことをなし遂げるには，優れたシステムと高度な技術と強靭な精神力を必要とする。これらはモノを作ることであり，社会的基盤（インフラストラクチャー）を築くことであり，社会や自然のメカニズムを解明するという仕事であって，人類と社会にとって必要にして不可欠な事業である。優れたシステムに支えられながら，高度な技術と技能を駆使し，強靭な精神力によって緻密かつ地道に行動するメタルカラーたちの存在なしには実現されない。その様が，このドキュメントでみごとに描かれている。この本に登場するのは，日本の国土と産業を，縁の下にあって支えている人びとなのである。
　生きざま論からすると，たとえば労働の形態としては深夜の労働であったり，地底の労働であったり，高所や難所の労働であったりする。生活面からすると，家族と離れた生活であったり，僻地の生活であったり，不規則な食事や睡眠であったり，集中的な行動が強いられたりといった特徴をみいだすことができるであろうか。一言で，苦労の多い，大変な仕事ということになるが，収録されている山根との質疑や会話はなんとおおらかで明るいことか。仕事を楽しんでいる風もあるが，その基本にあるのは社会的役割の自覚であり，仕事への使命感と責任意識のように受け止められる。これが彼らメタルカラーの仕事意識を支え，対話に明るさを醸し出している背景と理解される。
　さて組織仕事人の生きざまということになると，即座に会社員や公務員が連

想される。目標やノルマの達成に追われる，上司の指示や命令に逆らえずに悩まされる，職場の人間関係に気をつかう，規則や前例に縛られて主体性が発揮できないといった問題点がクローズアップされる職業的世界である。これらは，よく「すまじきものは宮仕え」とか「サラリーマンの悲哀」として一括されるが，これは要するに仕事の性格や内容からくるのではなくして，組織に所属することによって派生する生き方の特性である。こういった組織仕事人の職業的生きざまについては，次章でまた言及することになる。

4. 職業ごとの職業特性

職業の種類は多様であり，電話帳には3万をこす職業名が記載されているだろう。それぞれ存在形態や活動の仕方は違っており，活動を通して受けとる物心両面の報酬や生活へのかかわり方にも違いがある。たとえば警官とコック，医者と教師といった身近に接している職業を対比してみれば，その点は自ずと明らかなことである。

むろん収入を得ている，社会の必要にこたえている，個性が発揮されているといった点では共通であるが，それら共通項の中で，たとえば賃率を含めて収入の多い少ないという相違があるだろう。それぞれの職業には，その職業に特徴的で独特な，それゆえに他の職業とは異なる固有な性格があるはず。職業的生きざまとは，人びとの生き方を，そういった「職業ごとの職業特性」とかかわらせた用語である。いわば，特定の職業に就いている人の，その職業活動から派生し，その職業に規定される生き方やライフスタイルのことである。

(1) 3つの要素

個性豊かな職業生活は，充実した人生を展望させてくれることになる。ある職業に就いたがゆえの結果としての職業的帰結ではなくして，予想される職業的帰結を見込んで自らの生き方と接合させた職業生活は，これからの生き方として重要であろう。

そこから発想されるのは，いろいろな職業の特性と要件，ならびに人びとのいろいろな生き方という2つを連動させた研究と調査の必要性である。職業が人びとの生き方とどう関連するかを，職業ごとの職業的帰結として捉えるのである。これに関する情報と知見はいままだ潤沢ではないが，今後はより潤沢に供給されることが要請される。なぜか。

　まず就業を希望する者にとって，職業の選択と適応がそれだけスムーズにいく。また職業社会の側からすると，新規に参入する人びとに対するガイドラインになる。それによって人びとの職業的生きざまはそれだけ充実するとともに，より基本的なこととして，就社意識が先行して職業意識が希薄化している日本社会の現状に対して一石を投ずる契機になるだろう。そのために重要なのは，「職業ごとの思考・行為様式」に関する研究調査を「職業的生きざま論」へと発展させることである。

　職業特性（職業ごとの思考・行為様式）の把握には，「○○職業従事者」について，その価値意識，生活様式，社会的資源という3要素からアプローチすることが不可欠である。つまりそれぞれの職業従事者について，

　(イ)　職業観，社会観，人間観等に関する価値意識
　(ロ)　ファッション，食事法，趣味（余暇時間），社会的活動等の生活様式
　(ハ)　収入・財産，生活水準，教育・学歴・教養，社会的評価といった社会的
　　　資源の質量

を記述していくことになる。職業的生きざまとは，つぎのような諸点を掘り下げることでより具体的になる。

　第1は，それぞれの職業に従事している人びとの価値観である。世界，社会，人生等に関する考え方と信念において，特徴的な何かがないかどうか。あるとすれば，それはどんな性格のものかに目を向けることになる。

　第2は，中心的生活関心ないしは「仕事の中心性」である。もともと中心的生活関心（central life interest）という概念は，デュービンによって提唱されたものだが，さまざまな生活活動のうちで，仕事に対してどれほどのウエイトを

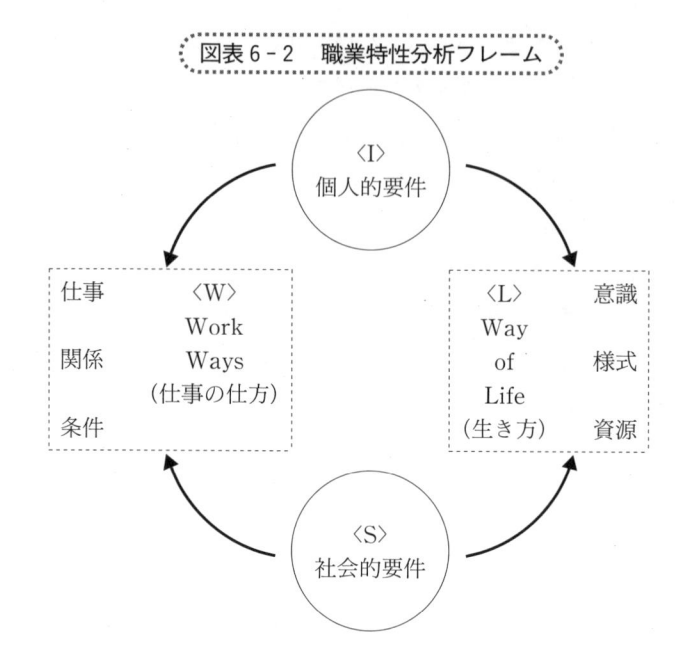

図表6-2 職業特性分析フレーム

〈I〉個人的要件

〈W〉Work Ways（仕事の仕方） — 仕事 関係 条件

〈L〉Way of Life（生き方） — 意識 様式 資源

〈S〉社会的要件

　おいているかを明らかにするのがここでのポイントである。このことは，どれほど職業に価値をおいているかにかかわるので，当然のことながら上で取り上げた価値観とも関連する。
　第3は，それぞれの職業に従事している人びとの交遊関係である。どんな職業の，どんな性格の，どんな社会的地位の人びとと交際をし，相互支援関係にあるかに目を向けるのである。どんなタイプの人が好みかといった，人間に対する好悪にポイントをおくのも1つのアプローチである。
　第4は，資格要件と社会的拘束である。職業に関する資格要件に2種類ある点はすでに述べたが，能力・知識・技術といった形式面からの資格要件は社会的な責任や貢献とむすびつき，社会的地位指標とも連動する。いっぽう思考・行為様式としての精神的資格要件は社会的な期待という性格をもっており，同時に当事者に対する社会的拘束でもある。いわゆる職業倫理綱領などはその表明に相当する。

第5は，経済的報酬の大きさ，ならびに資産・財産の保有状況である。世俗的にはこれが最も大事なポイントになるであろうか。生活の安定度を判定する尺度になるとともに，この職業とこれに就いている人びとの経済的ステイタスを計る基準ともなる。

第6に，職業威信スコアーに着目しておくことも欠かせないであろう。いわくいいがたい，個人の人格や会社の社格に相当しそうな職業の要素のことであり，名望とか威光とかいったもの。経済的資力や政治的影響力といった客観的なパワーでは捉えきれないところの，いわば精神的パワーのことである。

(2) 職業特性分析図式

個々の職業特性は，大きくは職業活動そのものがみせる特性，ならびに生き方に見られる特性という2つから構成される。概念図（図表6-2）によってシンボリックに表現するなら，前者は Work Ways（仕事の仕方）であり，後者は Way of Life（生き方）である。

ワークウエイは（W）は，①仕事の性格と内容（一言で仕事），②職業遂行にかかわる社会関係と人間関係（一言で関係），③就業規程や労働条件や職場環境など（一言で条件）の3つからアプローチすることができるし，最小限この3つの切り口は欠かせない。

ウェイオブライフ（L）は，生き方であり，ライフスタイルである。これに関する特性は，その人の①価値観や生活信条や仕事意識（一言で意識），②衣食住の生活様式や余暇・自由時間の過ごし方などの生活行動のパターン（一言で様式），③保有する金銭的・教育的・人脈的・時間的等の生活資源（一言で資源）という3要素にそくして把握することができるし，また必要である。

これらワークウェイは（W，仕事の仕方）とウェイオブライフ（L，生き方）とは，1つは本人の個人的要件に影響されるが，あわせて社会的要件によっても規定される。それを図解では，タテ軸に配置している。ワークウェイとウェイオブライフはまた，相互に影響され規定される。図解では，双方向の矢

印でそのことを表示している。
　改めて述べるまでもないが，職業文化論は，職業特性によって影響され規定される個々人の生き方やライフスタイルの特性にスポットを当てている。

第7章
職業アイデンティティ

はじめに

　現代社会は，職業アイディアがきわめて希薄な時代だといわれる。生活や人生における職業の位置づけが軽くなり，どんな職業に就いてどんな生き方をするかに関して真剣には考えない傾向が広がり，職業と雇用の区別についても関心がうすい。

　とくに日本の場合は，企業社会としての性格が強いので，サラリーマンは会社人間や組織人間にそまりがちである。職業としての仕事よりは，会社の目標や業務に従事する中で，職業性が希薄化し，職業生活は閉塞的になっていく現実に留意する必要がある。

　しかしどんな職業に就くかは生き方の選択でもあり，人生で何を実現するかに関連する。それに，人生の充実感と職業の満足感とのあいだに大きな相関がある。第3節では，そのことに関連するさまざまな研究調査を紹介している。

　個人の職業アイデンティティが確立されないと，人びとは自らの社会的存立基盤を失い，社会的にも「キャリア・クライシス」の状況が訪れる。個人のためにも社会のためにも，個々人が職業的アイデンティティをしっかりと自分のものにしていくことが要請される。

　個人にとっては，それは職業アビリティー（職業能力）を高め，エンプロイアビリティ（雇用させうる能力）を高め，自らの市場価値（一般社会ないし外部労働市場で通用する自分の値段）を高めることになり，豊かな人生への重要なステップとなるはずである。

1. 職業観を診る

　職業は生き方を規定するが，生き方が職業生活のあり方を左右するのも事実である。どんな職業を選択し，職業にどれほど自らの能力と時間を投入するか，職業生活にどれほど充実感や充足感を求めるかといったことは，その人の人生観に支配されるからである。なかには職業を生活の糧を得る手段として捉え，その限りでのみ職業と人生をかかわらせている人がおり，現実は錯綜しているわけであるが，いずれにしても人生観と職業観がからむことは明白である。人が職業生活をどう生きるか，生活行動の中で職業をどれほど重視するか，職業と人生とをどうかかわらせるか。こういったことは，人それぞれの職業観に，それ以上にその人の人生観や社会観や人間観に規定されるだろう。

　人生において職業をどんなふうに位置づけるか，職業の意義とは何かといったことに触れた職業観を，ここで3つ取り上げておこう。人びとが抱く職業観自体まことに多彩にして多様であるが，最初に紹介する2つは，際立った対照をみせる職業観といってよい。

(1) 仕事が人生とはお粗末だ

　まず紹介するのは，1977年の「ビッグフォーラム」（6月号）に「仕事」というテーマで書かれたエッセイの一部である。

　そもそも人間は何のためにはたらくかといえば，妻子を食わせ，自分も食い，雨露をしのぐ棲家を得るためだ。加えて，万一のための若干の貯えができれば，これは言うことはない。つまり，人間は遊ぶために，休養するためにはたらいているのであり，けっして仕事のために仕事をしているのではない。近頃は，ここのところがよくわからない人間がたいへん多くなってきた。仕事に生きがいを感ずる，仕事がめしよりも好き，仕事が人生だなどという徒輩があたかもそれが善行であるかのごとく公言する。おろかな話だ。遊

びにまさる仕事なぞこの世にあってたまるものか！　仕事が人生とは，おそまつな人生もあったものだ。仕事が生きがいなどという人間は，遊びの楽しさなど，ついに知らずに一生を終わるのだろう。富を得るために，名誉を得るために，一生を努力しつづけた人間と，自分の好きなことをして一生のらりくらりと遊んで終えた人間と，どちらが充実した人生を送ったかは，考えてみるまでもない。

　ここでは仕事といっており，けっして職業ということばが使われているわけではない。それでも，人生において職業をどう位置づけるか，職業の意義とはなにかを主題にしていることは明らかである。つまりここで仕事とは，職業としての仕事のことと理解されるが，"仕事が人生だ"などとはお粗末な人生もあったものだ，となる。仕事に生きがいを感ずる，仕事がめしより好きなどというのは戯言であるという。いったい人間何のために働くかといえば，食うためであり，生活のためだというのである。

　こうなると，そもそも職業を論ずるなどということは，それ自体がナンセンスである。本書は職業の重要性を語り，職業的キャリアを充実させていくことの意義をテーマにしているが，こんな文章を書くこと自体無意味なことになる。学生のレポートにも，なぜ仕事をするかといえば，自分自身と家族の者の生活を維持するためだと記したものがある。趣味だからとか，生きがいだからとかいう意見が世の中にはあるが，根底にあるのは生活維持の必要性だと書きついでいる。しかし職業にもいろいろあり，楽しい仕事にありついたら，あるいはいい舞台に出くわしたら，職業に意義を感じられるようになるかもしれない。職業生活は，つねにそれを探し求める旅である。

(2)　仕事はそれ自体尊い

　長くマスメディアで職をえ，その後に物書きに転じた中村新は，「サラリーマンは，自分の生活に，どうしようもないもどかしさを感じることがある」と

してこう書いている。

　感謝しながら喜びをもって働いていたはずの私の心が，2年3年と経つうちに変化していった。時折り空しいという思いをするようになったのである。いい気になって時をすごしているが，今やっていることは自分にとって何であろうか。これが自分の人生の真の充実感になっているだろうか。悔いのない生きがいであろうか。その実感の薄さが，わたしに空しさを抱かせるのである。仕事を面白いと思うことはあるが，それは表面的なものであり，私の心のなかには，このままの状況で歳月を送ってよいのかという疑問が沸く。
　サラリーマンであって，会社の仕事に本当の生きがいを覚えることのできる人は幸せである。また生きがいとまでは行かなくても，とにかくその生活に満足できる人は幸せだといえる。もし毎日本当の充実感を持ちうるとしたら，サラリーマンは幸せな職業といえよう。しかし現実には，浮かぬ気持ちのサラリーマンが圧倒的に多い。勤めに熱中できないサラリーマンが多い。ではその理由は何か。

　続けて中村は想定されるいくつかの回答に言及しているが，中村の本音は，実はそれもこれも正しいとはいえず，そもそも多くのことを会社に求めすぎているのが間違いの本だといっているようだ。「本当に仕事そのものに成りきって自分を忘れてそれをやっていれば，そのやっていることは何でも差支えない。その上われわれは何を求めるかということになる。裁縫をしながら裁縫に満足できないで，それで一体何が欲しいのかということになる。そのままで結構なのである。それで息たえて満足，そのまま死んで結構というものである」とする道元研究家の秋山範二氏の考え方を紹介している。また「この世に生まれ，人格成長のために努力して，人知れず世を去った，ということでよろしいのだ」という経済学者の河合栄治郎氏のことばを引用している。
　秋山氏は一見日常の些事とみることにも力を注ぐことを説き，河合氏は人格

成長をいっているが，いずも世俗的に功なり名をとげることとは無縁なところに人生の価値をおいている。中村新は真っ正面から職業を論じているわけではないが，言外に，仕事は手段ではなく，それをすることそれ自体が尊くもあり有意義でもあるとする考え方に共感をしめしている。有名になるために，あるいは金を儲けるために職業を選択し，職業に就くとしたらそれは神への冒瀆だといっているかのようである。この点は前文ともあい通じる面があるようで，富や名誉を得るための人生とそのための努力に嫌悪感をいだいている。

　学生のレポートの中には，職業はその人を反映しており，職業自体がその人そのものなのである。そして職業に就いたかぎりは，自分の全存在をかけてそれを全うすることが必要だと書いたレポートがあるが，これなどは，ここで説かれている職業観に近い。

(3) 正しい仕事

　武者小路実篤といえば「真実一路」のキャッチコピーが有名であり色紙や額縁にもよく収まっているが，著書『人生論』に仕事を論じた文章がある。人は正しい仕事をしなければならないが，今の時代，善良な人が正しくない仕事を強いられている。大いに同情すべきことであり，軽蔑する気はないし，非難することもできないが，「正しくない仕事は，人間の心を段々正しくない方に感化する力をもつものだ」とし，正しくない仕事の3つの性格を語る。第1は自分と他人の健康を害する仕事，第2は自分の性質を下等にする仕事だという。つまり元気がなくなったり，自尊心を傷つけたり，嘘をついたり，媚びたりしなければならない仕事だ。自分を卑屈にする仕事や，自暴自棄にする仕事は正しくないという。第3は他人の性質を下等にする仕事であり，他人を怠け者にしたり，真面目な仕事をするのを馬鹿げた気持ちにさせたり，他人の心を卑屈にさせたり，無意味に他人の時間を占領する仕事だという。「一々どういう仕事がわるいとはいわない。正しい仕事は人々に生きる喜びと勇気を与えるはずだ。人間はそうつくられている。しかし正しくない仕事は人間を段々堕落させ，

病的にさせ，生きる勇気をしなびさす」と述べている。では，「正しい仕事」とはどんな仕事か。武者小路は，こう述べている。

　正しい仕事であれば，皆が喜ぶべきである。皆の食物をつくる，それをまた人々にくばる。皆の住宅をつくる。皆の喜びになる本をつくる。皆の病気をなおす為に働く，皆の便利の為に働く，皆の健康の為を計る。少なくともそういう仕事を手つだう。
　直接，間接でもいい何か人間の為に役立つ仕事を，自分で考え出せれば考え出し，自分で考え出さないでもいい仕事なら手つだう。それは美しいことだ。
　正しい仕事は何らかの意味で，人間の生命に奉仕する仕事だ。金もうけでなくとも，いい子供をつくる仕事も勿論立派な仕事だ。
　立派な仕事は人生に役立つ仕事をすることだ。

　この武者小路の発言から学習すべきことは，どんな性格の仕事をするかが職業について肝心要(かなめ)の重要事であるという点であろう。自他の生命を傷つけず，自他の人格を傷つけない，共存と共栄の本道をゆく仕事かいなかこそは，職業選択にあたってのポイントだと指摘しているように理解される。

2. 人生目標と職業動機

　どんな職業に就くかは，生き方の選択でもある。人生をどう生きるか，豊かな生き方にむけて毎日の生活をどう送るか。人びとはこのことを，職業の選択によって方向づけ，職業に委託する。したがって多くの人は，自分の生き方を視野に入れつつ職業を選択しようとするだろうし，人生目標と職業動機とを連動させたいと欲する。しかしながら，現実には両者が乖離している場合のほうが一般的な現象となっているかも知れない。
　現代社会では，人びとの職業意識が希薄で，職業に対するアイデンティティ

が未確立だといわれる。職業活動が組織労働になっており，管理労働化されているという事情が災いしていることに加えて，職業の選択が人生観にまでさかのぼってなされず，人生目標と職業動機とが連動していない現実もまたあるだろう。「人生において何をめざし，何を実現したいと思っているか」，あるいは「人生において何をめざすべきか，何を実現するのがよいか」に関する自分なりの確認は，ライフプランニングにとって重要である。

(1) 職業を通じてめざすこと

どんな職業を選択するかは，職業の意義をどう認識するか，あるいは人生や生活に占める職業のウエイトをどれほど重視するかによって違ったものになる。職業と人生（あるいは人生と職業）との関連や関係を，まず職業動機の視点から検討していこう。

人びとの職業動機を探るための調査はたくさんあるが，ここではアスピレーションという観点から，図表7‐1のような職業動機項目をリストアップしてみた。職業への大望，志望，野望は何かということである。

現実には，「生活願望」から職業に就くケースが多いと理解されるが，一口で生活願望といっても，人それぞれに，背後にはいろいろな考え方が去来しているであろう。生活のためとりあえず働かなければならないといった，どちらかといえば態度的には「成り行き」に近い場合もあれば，人生設計における1つのステップとして位置づけられている場合もあろう。

学生の企業選択意向を調査すると，「能力願望」の多さが目立つ。仕事を通じて自分の能力や性格，いわば自己の可能性が大いに発揮できる組織や職場に就職したいという願望のことであるが，これは，日本人の職業動機として相当に強いことが各種の調査を通しても読み取れる。

それにしても生活の安定と能力の発揮とは，どの職業を選ぶ人にとっても基礎的な要件である。いっぽう「一人前志向」(⑨) や「常識派志向」(⑩) の場合は，職業にかける願いがないに等しい。つまり職業動機は弱いわけであるが，

図表7-1　職業動機に関する質問

① 仕事を通じて自分の可能性を大いに発揮したいという「**能力（成長，発揮）願望**」
② 新しい事業をおこしたり，新しい製品や技術を開発したいという「**パイオニア精神**」
③ 実績をあげ，業績をのこして後世に名を残したいという「**立身出世の野心（願望）**」
④ 収益や利潤をあげて富を得たいという「**経済的動機**」（ないし「**富豪願望**」）
⑤ お客さまや取引先や地域などに役立ちたいという「**社会的貢献欲求**」
⑥ 生活が平易にながれたり人生に安住したくないという「**ハングリー精神**」
⑦ 安定した豊か生活をおくりたいという「**生活願望**」（ないし「**安定生活志向**」）
⑧ 困難に挑戦し，成果をあげて充足感を味わいたいという「**達成動機**」「**やりがい欲求**」
⑨ 一人前の社会人として世の中から認められたいという「**社会人動機**」「**一人前志向**」
⑩ 人間であれば仕事をするのは当然の行為だという「**常識派志向**」（ないし「**無欲な精神**」）

職業アスピレーションと職業選択とは連動するはずである。

　ハングリー精神というと，即座にボクサーが連想される。また経済的動機というと，事業家，起業家（ないし企業家）となりそうだが，事業家や起業家についてはパイオニア精神というのも深く関与しそうである。そして社会的貢献欲求の強さという面からすると，宗教家，社会福祉領域の職業，ボランティア団体の職員等が想起される。

　科学者や技術者とともに，営業職の中には達成動機の強い人が多いといわれる。達成動機の強い人は，成功したかどうか，努力がどれほど結実したかを確認しようとする，と達成動機の研究書は述べている。その点からすると，教育効果は少なくとも短期的には測定が困難ということからして，達成動機が強い人はこの職業を避けることになるだろうか（McClelland 1953, 林 1967）。ちなみに，達成動機とは，何か（困難な大きな目標）を成し遂げることに喜びを見いだしたいという欲求のことである。

(2) 生き方の選択

人はそれぞれ人生に何かを求め，そこで何かを実現しようとしている。世論調査等で，たとえば「人生で何が大切だとおもいますか」「生活で求めているものは何ですか」といった質問が発せられるが，これに回答することを通して，自分は何によって人生に動機づけられているかを知ることができよう。われわれが人生に求めているのは，たとえば，①指導性の発揮，②専門的習熟，③社会的信用の確立，④社会への貢献，⑤富・財貨の獲得，⑥愛情と友情の交歓，⑦快適と快楽，⑧真理の探究，⑨社会的地位の達成，⑩自己実現などのうちの，いったいどれとどれなのか。

職業の選択が人生ビジョンや人生目標と深くかかわることは明白であるが，それはまた生き方によっても規定される。かつてモリス（Morris, C.）は，思想史上の主要な人生哲学を比較検討することを通して，

(d) ディオニソス要因；その時どきの欲求のおもむくままに，思う存分に生きる

(p) プロメティウス要因；外界を支配し，変革するために活動し努力する

(b) ブッダ要因；欲求を規制することによって心の安らぎを保つ

といった3つの「価値の基本的次元」を抽出した。これらはいわば純粋型であって，人はこの3つを併せもっている。ただし，dとpとbとを同じ比重でもっているか，どれかが高くどれかが低いというように，それぞれの強弱と構成比がちがうことがあるだろう。考えられるその組み合わせから論理的に7つを導き出し，そのうえで実証研究を通してさらに6つを追加して，モリスは計13の生き方のタイプを類型化した（見田，1966）。人はこのうちのどれかに強く共感し，どれかに強く反発する。これが人それぞれの生きざまであり，職業の選択や選定にも投射され，結果として職業生活の中でその生き方が実践されていくということにもなる。

たとえば弁護士とか牧師，あるいは小説家や画家などは自分流の生き方を強く求める傾向があり，そのような自分流の生き方を職業に就くことで実践する

ことになる。いっぽう会社員などの場合には，別に取り柄もないのでサラリーマンになったという面があるかも知れない。職業と生き方とのあいだには相関があるだろうが，主体的にそうするか，結果としてそうなるかという違いもまた人によって異なるだろう。

それでも，一般には人によって人生や生活への期待が異なり，職業が人びとにもたらす満足の種類や性質にもちがいがあるわけだから，人のがわには，両者がマッチする職業を選ぼうという発想が生まれることになる。

(3) パスカルからのメッセージ

労働と思索の中で気取らずに生きることを欲したE・ホッファーは，沖仲仕という職業のよさについて，自由と運動と閑暇と収入とがこれほど適度に調和した職業は，他にみいだすことが困難であろうと述べている（47ページ参照）。いまは機械化の進展とともに衰退した職業ではあるが，沖仲仕といえば骨の折れる筋肉労働であり，天候にも左右されて不安定であり，地位や名誉とはおよそ縁遠い職業といったニュアンスがある。しかしホッファーにしてみれば，そういった世俗的なことにはおよそ関心がないということであった。

もっともホッファーの場合，本来的な意味での職業が沖仲仕であったかどうかは定かでない。執筆活動であったかも知れないのだが，運動と収入という沖仲仕から得られるアウトプットに支えられ，自由と暇閑というアウトプットを活用してそれが可能になっていたのかもしれないが，同じようなことが，ミル (Mill, J. S.) のケースについてもいえる。ミルは『ミル自伝』の中でこう述べている。

　私のばあい，役所の仕事は生涯を通して，それと同時に続けてきたもう一つの頭脳の仕事からの休息にほかならないように思われた。それは不愉快きわまる，あくせくした仕事にならないだけの知的なものをふくんでいたし，そうかといって，抽象的な思考やたんねんな作文に従事しているものの頭の

働きに余計な負担をかけるというようなこともなかった。

いまでいう二足の草鞋をはき，副業に精を出していたという見方は可能である。だが，この記述から判断するかぎり，ミルにとって，役所勤めと執筆とは車の両輪だった。しかし成果が後世にのこったという意味においては，執筆活動こそが職業だった。画家や小説家など芸術家には，総じてこういったケースが多い。歌手などこんにち的芸能人についても同じであるが，人生へのアスピレーションが職業を遍歴させることになる。

しかし職業と人生とのかかわりは，そんな気張ったものではなく成り行きによって繋がる場合もあるだろう。職業の選択は人生観とか仕事に関する意識に支配されず，ごく自然なかたちで決まるという見方も当然に成り立つ。哲学者パスカル（Pascal, B.）は，『パンセ』の中で「一生のうちでいちばん大事なことは，職業の選択である。ところが，偶然がそれを左右するのだ」として，次のように書いている。

　習慣が，石工，兵士，屋根屋をつくる。「あれはすばらしい屋根屋だ」と人が言う。そして，兵隊の話をしながら，「やつらはまったくばか者だ」と言う。ところが，他の人たちは反対に，「偉大なものは戦争だけだ。軍人でないやつは，ろくでなしだ」と言う。人は，子供のときにこれこれの職業がほめられ，それ以外のものはすべて軽蔑されるのをさんざん聞かされたために，それにひきずられて選択する。なぜなら，人は元来，徳を好み，愚をきらうものなので，それだからこそこれからの言葉がわれわれの心を動かすのだ。要するに，人がしくじるのは，適用に際してだけなのである。
　習慣の力というものは実に偉大なもので，自然がただ人間としてしかつくらなかったものから，人々はあらゆる身分の人間を作り上げたのである。
　なぜなら，ある地方はすっかり石工，他の地方はすっかり兵隊等々といったようなことがあるからである。もちろん自然はそんなに一様ではない。し

てみると，そうさせたのは習慣である。なぜなら習慣は自然を強制するからである。しかしまた，時として自然が習慣にうち勝ち，善悪を問わずあらゆる習慣に反して，人間をその本能のうちにひきとどめることもある。

3. 生活満足と仕事満足

職業の意義をどう認識するか，人生や生活に占める職業のウエイトをどれほど重視するかは人によって異なる。だが歴史的流れの中で捉えれば，現代に近づくほど，総じて職業を重視する人の割合は少なくなってきている。

生活の中で労働や仕事がすべてといった社会背景にあっては，人生や生活への充実感や満足感は労働や仕事のあり方で多くが決まっただろう。経済がまだ発達途上にあると，食うために働かなければならない人が多いから，当然にそうなる。しかし生活が便利になり，余暇時間が増大するにつれて，人びとにとって労働や仕事は「中心的な生活関心」(central life interest) ではなくなりつつある，とデュービンは指摘した (22 ページ，121 ページ参照)。

それに呼応して英国では，1960 年代になってゴールドソープ (Goldthorpe, J. H.) 等の研究調査を通じて「豊かな労働者」が多数出現するようになったと指摘された。だがあわせて，労働や仕事それ自体から得られる充実感が乏しくなったという背景が手伝って，職業意識の希薄化が社会問題化した。

しかしながら，人生の充実感と職業の満足感とのあいだに大きな相関があることを，さまざまな研究調査が明らかにしている。充実した人生や人生の豊かさは，職業活動のあり方を離れては実現されないのではなかろうか。

(1) 相関関係――調査研究のデータから

わが国でも 1970 年代に入ると，職業がもつ意義は一般にうすれはじめ，人びとの意識の中で人生や生活に占める職業のウエイトは小さくなりはじめる。職業の価値は，人びとの職業意識や働き方が変わるのに合わせるかのごとく，低下しだしたのである。「豊かな人生は充実した職業生活から」という命題も，

存立を危ぶまれる事態になった。

　一般論として，充実した人生や豊かな生活の実現にとって，職業活動の充実にかかわる問題領域は重要な柱になるはずである。仕事や労働を意義あるものに設計し，それを通じて生活の質を向上させ充実させるという発想である。

　たしかに，人によっては生きがいと職業生活の充実との，あるいはまた生活満足と職業満足との関連は，あまり濃くないかもしれない。中心となる生活上の関心は，必ずしも職業やその周辺にはないというだろう。しかし一方で，生活満足が仕事のやりがいと深くかかわっていることは，いくつかの調査結果が明確に示している。いったい生活を充実させ，人生をより豊かなものにすることに，職業はどのようにかかわっているのか。

　生活の目当てや生きがいの対象が何か，その中で仕事や職業がどう位置づけられているかに関する調査はたくさんある。生活や人生に関する満足感にしても，仕事や職業に関する満足感にしても，別個にはいろいろと調査がなされている。ところがこの2つを結びつけ，両者の相関関係を明らかにしょうとする研究調査は必ずしも多くない。

　両者の関連を明らかにするためのデータとしては，古くは「生活構造に関する研究調査」(1969)，「勤労者福祉総合調査」(1971)，「国民選好考度調査」(1972)，「職業移動全国調査」(1973) などがある。数値は調査によって異なるが，図表7-2に掲載されたデータは，「仕事のやりがい」が非常に大きな比重をもって「生活満足」に貢献していることを数値化したものである。

　下って1995年に，労働省政策調査部は「豊かな勤労者生活を実現するための基礎的条件に関する調査研究結果」を公にしたが，その報告書は，「生活全体の満足度」の規定要因として「仕事・会社」が大きな影響を及ぼしている点を明言している。図表7-3がその根拠となる数値であるが，関連するいくつかのことを紹介しておこう。

　(イ)「生活全体に満足している者」の割合は，「満足」が5.9％，「どちらかといえば満足」が44.3％であり，5割をわずかにこえている。

図表 7-2 職業満足と生活満足の相関

（1）生活への満・不満足別の職業満足比率

生活全般に対して \ 仕事や勤務先に対して		非常に不満足	やや不満足	まあ満足	非常に満足	その他
非常に不満足	100 %（173人）	16.2 %	41.6 %	34.7 %	2.9 %	4.6 %
やや不満足	100 %（1,102人）	2.5	48.5	45.6	1.8	1.7
まあ満足	100 %（2,853人）	1.1	16.8	74.7	5.3	2.1
非常に満足	100 %（210人）	1.4	10.0	55.2	30.5	2.9
その他	100 %（290人）	―	3.1	43.8	3.1	50.0
全体	100 %（4,628人）	1.9	23.9	61.0	5.2	8.0

（2）職業への満・不満足別の生活満足比率

仕事や勤務先に対して \ 生活全般に対して		非常に不満足	やや不満足	まあ満足	非常に満足	その他
非常に不満足	100 %（90人）	33.1 %	30.0 %	35.6 %	3.3 %	― %
やや不満足	100 %（1,108人）	6.5	48.2	43.3	1.9	0.1
まあ満足	100 %（2,822人）	2.1	17.8	75.8	4.1	0.5
非常に満足	100 %（241人）	2.1	8.3	62.7	26.6	0.4
その他	100 %（367人）	7.3	17.4	55.0	5.5	14.7
全体	100 %（4,628人）	3.7	23.8	61.6	4.5	6.3

出所）「職業移動全国調査」職業研究所，1973年より作成

第 7 章　職業アイデンティティ　139

> 図表 7-3　生活満足と仕事満足

(1) 生活全体満足者と不満者の満足度

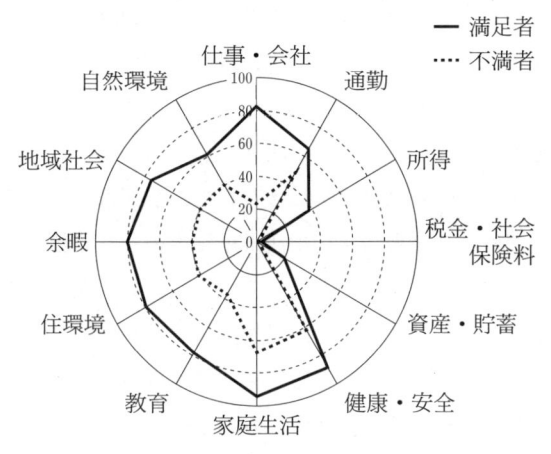

注）数値は当該選択肢の回答者の比率

(2) 生活全体満足者と不満者の不満足度

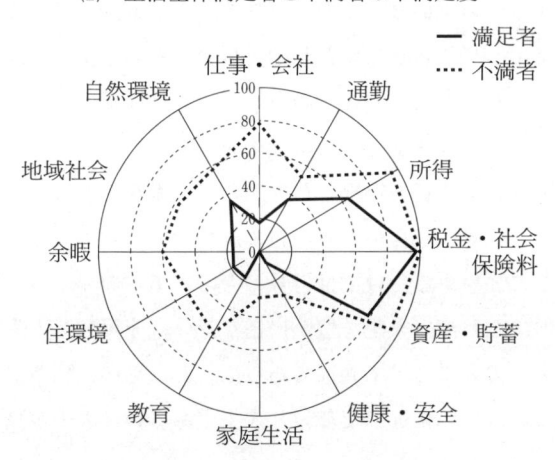

注）数値は，当該選択肢の回答者の比率
出所）「労働統計調査月報」1995 年 No. 3

(ロ)　生活の諸側面ごとの満足度として,「所得」「資産・貯蓄」「税金・社会保険料」等の経済的諸側面がきわめて低く,そこに不満が集中している。

(ハ)　生活全体に満足している者と,不満足な者との間で最もギャップが大きいのは「仕事・会社」であって,その差は60ポイントに達する。

(2) 職務満足の効果

　この問題に関する外国の文献をレビューして,小野公一は「職務満足感の影響が仕事の領域だけにとどまらず,生活満足感の影響も非仕事生活の領域だけにとどまらない」との結論を得たと述べている。人事管理論から発想されたものと理解されるが,職業満足と人生満足の関連を推し量るうえで貴重な業績である。日本についても働く人びとを対象に「職務満足感と生活満足感の関係」について実態調査をしているが,必ずしも両者の相関関係は明らかにならなかったと書いている。つまり,職務満足よりは,家族との関係,自然とのふれあい,余暇の活用,街並みといったことを中心にした生活満足が,全体としての生活満足に大きく関与するという結果が得られたというわけである。

　わが国では生きがいを構成する要件として,もともと仕事や職業が重視されてきた。近年になって明らかに変化が出てきているが,土台の部分でどれほど変わったのだろうか。なるほど人生の充足感や生活満足は,仕事や職業からだけでは得られない。無償労働としての性格をもっているボランティア活動を通して,はじめて生きる喜びを実感した人がいる。人びととの心の交流,心にせまる芸術の美しさ,雄大な自然景観に包まれた中でのやすらぎ。こういったものは,職業活動に従事するだけでは自分のものにできない。

　その中身はおくとして,人生を豊かに送りたい,充実した人生をすごしたいという願いは多くの人にとって共通であろう。そのさい,職業がどうかかわってくるのか。これが,いま述べた職業と人生(あるいは人生と職業)との関連であり関係である。

　その関連と関係に関して,ある人は,やりがいある職業生活を欠いて人生の

充実はないという。人生サイクルの稔りある時期，そして1日の大事な時間を職業活動に従事しているのであるから，職業満足が乏しいと人生への充実感は得難いというわけである。しかし別の人は，人生満足は職業満足とは無関係であるとみなす。人生でやること，実現をめざすことはたくさんあり，職業は人生における1つの活動にすぎない。人生の充実感は，職業が満足のいくものであるか否かによって左右されるわけではないという。

職業満足と生活満足とがどう関連するかは，職業に何を期待し，職業活動を通して何を実現しようとするかと深くかかわる。人びとが職業で何をめざすかは，その人の人生目標と深くかかわっている。昔から，「職業と人生」あるいは「人生と職業」を主題にすえた著作も多い。職業の意義ということになると，人生目標や人生動機にまでさかのぼり，両者を対応させてみてはじめて明らかになるという側面がある。

4. 会社員の働き方

企業に就職するというのは，現代社会では，生き方や働き方として最も一般的である。企業に雇用され，会社員として勤務するのは，先進諸国における働き方の標準になっている。現代における働き方の基本類型とも，典型ともいってよいだろう。

働き方は，日常的レベルでにおける人びとの生活の仕方やライフスタイルに，大きな影響を与える。ところがその影響は，この段階にとどまらない。その人の生き方を規定し，その人の生涯にわたる生活，いわば生き方や人生のあり方にたいして影響を及ぼす。概して生き方は働き方とともにあるからである。

(1) 職業としての会社員

この場合に働くとは，収入を得られる仕事をし，それによって生計をたてていく労働に従事することをさす。要するに，職業活動に従事するということである。職業が，単に収入を得るための仕事や労働ではないという点については

先にも言及したが，それにしても職業として中心的な比重を占めるのは，こんにちでは，会社員としての職業である。その職業は，企業に雇用され，企業のために働き，企業から経済的報酬を得ることによって成り立っている。しかし，会社員は職業なのだろうか。

　むろん職業分類に，会社員という職業名は登場していない。日本には公的な職業分類として，日本標準職業分類と労働省編職業分類という2つがある点についてはすでに触れた。分類の適用単位は，前者は個人，後者は職務であるが，いずれも「仕事の類似性」にもとづいて分類している。しかし会社員は，「仕事の類似性」として括られたわけではなく，勤務先の類似性（勤務場所が企業であるということ）で括られたもの。しかも企業にはいろいろあるわけであるから，その括り方は厳密なものではなく，呼称にすぎない。

　職業というと，その名称を通じて，仕事の内容や性格が浮き彫りになるのが普通である。それに資格要件が加われば，職業ガイダンスとしての役割が果たされることになる。仕事に関する定義や解説は，企業の場合，それぞれ傘下の職務や職能や職種について文章化され制度化されている。しかしそういった職務や職能や職種の特定の1つを，1人が継続して担当しているわけではなく，会社員にとってはローテーションこそが常態である。職業というのは，継続してなされる点も要件の1つである。こういったことからして，会社員は職業としてよりは1つの社会層として捉えるのが適切のように思えるが，詳細については拙著『サラリーマンの自画像』にゆずる。

(2) 組織仕事人の特性

　会社員としての生き方には，従来から，いくつかの特徴的なトピックスがある。それは，出世，派閥，左遷，栄転，人間関係，付き合い，駆け引き，横車，産業スパイといったキーワードで象徴されるかもしれない。あるいは，名刺そのものになりはてた労働ロボット，社畜，組織の歯車，宮仕え，企業犯罪の犠牲者といったことを，サラリーマン社会に派生する特徴的な現象とみる人もい

るだろう。『ある日突然―サラリーマンの一生』(毎日新聞経済部，1977)に次のような記述がある。ここでのキーワードは，悲しき働きバチである。

　個々のしがないサラリーマンは，高度に管理された資本主義社会の小さな歯車にすぎないとも言えるが，その歯車仲間が毎日々々，この狭い国土の中でお互いに足を引っ張りあい，また助け合い，さらには"ある日突然……"の移動発令にヤケ酒あおりながらキズをなめ合ったりして，少しでも"より大きな歯車"への道をめざしつつ，重い足取りで階段を昇って行く。考えようによっては，なんとももの悲しい風景ではないか。しかしそういったもの悲しさの集積が，経済大国をもたらしたことはまぎれもない事実であり，日本のサラリーマンは，GNP大国の"悲しき働き蜂"集団なのである。

　かつて石原慎太郎は，サラリーマン社会はオール他律の世界だと断言したが，堀紘一は「サラリーマンの最大の泣きどころは，選択権が非常に制限されていること」だと述べた。仕事の内容，任務，上司，部下，そのどれもほんとうには自由にならない。辞令という名の紙切れ一枚で「どこで，だれと，なにをするか」が決められてしまう。つまりは「与えられた環境を甘受し，そのなかで幸せを見いだしなさいと言われているわけである」。

　仕事や任務が自分で決められない点に絡むと思われるが，サラリーマンには自分と仕事との関連について不安がついてまわるようである。34年間もの長期にわたって野村証券に勤務し，米国野村証券の社長や野村証券の副社長を勤めたあと参議院議員に転じた，いわばサラリーマン優等生ともいえる寺澤芳男は述べる。「サラリーマンの一番の悩みとは，この仕事が自分に適しているのかどうか，この仕事を自分は定年までやっていけるのかどうか」という点である，と。たった1回しかない片道切符のこの人生だが，今のようなことをしていて，はたして悔いはないのか。えいやっと決めてふみこんだ世界だけれど，これでよかったのかと振り返ることが多いというのである。

よく「会社へ入った以上は，会社によって与えられる仕事を何でもしなければならない」といわれるが，その場合の仕事とは，一般社会でいう仕事や職業ではなく，会社にとって必要な業務であり職務である。会社に入ったときから，仕事とか職業はその社会的意味を失って，閉鎖的な会社固有の業務や職務になってしまう。会社にとって必要な仕事をすることによって，はじめてサラリーマンという職業は成立する。

　一般に組織職業人には，職務に忠実であるとともに，組織に忠実であることが要請される。この2つが相互に矛盾していなければ何ら問題はないが，ときに企業組織は，欠陥商品を販売する，不正取引や架空融資や贈賄といった社会的に問題性をはらんだ行動に走ることがある。企業人や会社員は，自らの人間的誇りのためにもこれらに加担する行為は避けたいが，組織に忠実であろうとすると，業務命令には従わなければならない。職業の倫理（社会がビジネスマンに期待した行動の規準）よりも，職場の論理と倫理が優先するビジネスマン社会の現実は，しばしばクローズアップされる。

(3)　閉塞的な職業生活

　組織の中で職業活動を遂行する仕事人には，基本的についてまわる要素が3つある。仕事と階層と人間とである。もともと組織とは目標の体系ないしは役割の体系として編成されており，個々のメンバーはその目標体系の一部に組み込まれて仕事をし，役割を遂行することが期待される。ノルマとか歯車ということばで表現される組織現象はそこから派生するわけであるが，目標や役割は，組織にあっては階層的に編成されている。大局的で抽象的なものから具体的なものへ，戦略レベルから戦術レベルのものへと編成されている。

　要するに，組織とは階層の体系なのである。したがってメンバーは，地位の序列や上下関係に組み込まれ，それをベースに仕事をし役割を遂行することが期待されている。上下関係の中で板挟みになったり，権限や情報が少なくて大きな仕事ができないといったことを経験する中から，昇進願望があたまをもち

あげる。だが，現実はおもう通りに運ばない。

　また組織活動は関係者の協働によって担われるわけで，これが3つ目の要素に関係する。日常的な言い方をすれば，円滑なコミュニケーションと協調的人間関係に支えられて組織はめざす成果を実現できるのであり，チームワークを欠いては効率的かつ効果的な組織活動は実行不可能となる。したがって組織仕事人は協働できる能力，協働させうる能力を身につけていなければならないということになる。しかし現実には，人間関係が障壁になってこの協働がスムーズにいかず，サラリーマンであることの悲哀の相当部分がここに由来している点を多くの経験者が語っている。

　ある新聞の1999年の調査によると，なってみたい職業のトップは大工であった。就職誌「ガテンワーク」の編集長は「今はスゴイ人気なんです。その理由はサラリーマンのような陰気な人間関係もなく，努力次第で高収入や独立も可能なこと。なによりみんな表情が明るい」と書いている（1994年12月号）。以前はあまり見向きされなかったが，組織からの拘束といったものをほとんど感じさせない，まことに男っぽい職業のようである。

5. 職業アビリティ

　日本社会では今日，職業マインドが人びとの意識の中に十分根を張っているとはいいがたい。職に就くとは雇用されることを意味し，大学生の就職活動は会社訪問であり，企業に雇われるための活動に終始する。若いうちは自分にあった職業が分からないこともあるから，どこか会社に勤めようと発想するのはそう不自然ではない。しかしながら「就業」が即「就社」になっている現実が広く一般化しているのは，あまり自然とはいえない。

　そもそも会社員は職業なのかとか，ビジネスマンは職業人だがサラリーマンはちがうといった論議は従来からある。その詮議はここでひかえるが，企業に勤める人びとを中心に，日本の就業者は自分の仕事や生活をどれほど職業の視点から省みているだろうか。

(1) キャリア・クライシス

　経済的報酬の獲得という要素をふくめ，職業は本人の生き方の全体と深くかかわる。職業は人を成長させ，人に仕事をする楽しさや喜びを与えてくれる。人びととの出会いや人びととの協働を通じて，社会とのつながりを実感させ，社会人として一定の役割をはたしていることを体感させてくれる。職業が当事者にもたらす報酬はまことに多い。

　それもこれも基本は良き仕事をするという行為を通してであり，仕事をし，成果をあげることは職業を構成する重要な要素である。その際，専門的な技量を必要とする仕事に就き，個性を発揮して独自の成果をあげると，それだけ職業性は高いとなるわけであるが，就業や就職についてはこういった視点からの考察が欠かせない。

　仮に専門性の高い職業であっても，組織に雇用され，組織の中で，あるいは組織を通してなされるのが現代社会の特色である。そうなると，就業や就職にあたっては，どんな組織が勤務先として相応しいかというように，仕事や専門性とは別の観点が介在してくる。組織基盤はしっかりしているか，組織風土はどんな性格か，トップの力量や勤務条件はどうかといったことをみきわめることが必要になる。こういった組織診断のほうにウエイトがかかり，結果として仕事の内容や専門性への関与が省みられなくなるという現実が，広く発生しているのではなかろうか。日本において就業・就職問題が雇用問題として捉えられがちなのには，こういった背景があると考えられる。

　後述するように，雇用問題はいま世界的レベルで論議されているが，雇用機会の確保と増大といったように雇用の量的側面に焦点があてられ，雇用の質的側面は影のうすい存在になっている。毎日ハローワークに通い，職さがしのために足を棒にしている人のいる現状に目を向けつつも，長期的な観点もまた必要であろう。人びとの生き方や人生設計，そして日本社会における職業世界の今後を構想するとき，職業意識や職業アイデンティティの問題をしっかりと視野に収めておくことが要請される。

第7章　職業アイデンティティ

　20世紀を締めくくる頃から，日本人について心の揺らぎや自信の喪失がしばしば指摘される。小中生の登校拒否，学級崩壊，17歳異常事件等がマスコミをにぎわす中で中高年の自殺や自己破産が急増し，心理的なストレスに悩む人びとは数をましている。文字どおりパーソナル・アイデンティティ（PI）の危機が日本に押し寄せているが，これは職業アイデンティティ（OI）の未確立に起因する面がありはしないか。

　つまり人が生きていくうえで職業はその根幹をなすものであるが，職業に自信と誇りをもつことができず，職業活動の中に自分を表現し，自分の能力や個性を注入していくことが十分にできないようでは，パーソナル・アイデンティティは未確立に終わる。職業的キャリアの形成が不十分であれば確固たる人格は形成されないが，職業的キャリアを形成させるのは職業意識や職業マインドである。就業というテーマを，雇用という視点からだけ捉え，どこかに勤めることができればよいと考えている人に，職業アイデンティティが確立されているとはみなされにくい。どんな能力や専門性を身につけ，自分の個性に磨きをかけ，何をめざしてどんな職業に就き，自分の人生をどう築いていくか。こういったことへの意識と行動が不十分な事態，つまりキャリア・クライシスがいま日本社会を襲っている。

　ここでキャリア・クライシスとは，「キャリア・アンカー」が身の内（頭と心）に碇をしっかり降ろしていない状態と捉えることができよう。キャリア・アンカーとはシャイン（Schein, E.）が概念化したもので，①自覚された才能と能力，②自覚された動機と欲求，③自覚された態度と価値という3つの成分から構成される「職業上の自己イメージ」のこと（邦訳『キャリア・ダイナミックス』）。したがってキャリア・クライシスとは，どんな職業が自分にふさわしいか，自分が望んでいる職業が何かが漠とした心的状態をさし，そのためにどんな職業に就いてどんな人生を築くか不明確ということになる。

　新しい生き方が模索され，生き方の転換が求められる最中，あらためて職業と人生とのかかわ方について論議することが必要となっている。日本社会は，

先にあげた諸問題を含めて，今後ともますます困難な問題をかかえることになるだろう。その解決には，人びとの研ぎ澄まされた職業能力がいっそう求められるはずである。職業アイデンティティの確立には，マインドとパワーの両面において職業アビリティを高めること要請される。

(2) エンプロイアビリティ

わが国ではこれまで高校では大学進学問題が，大学では就職問題が当面の大課題として位置づけられ，職業的能力の育成は教育課題としては二の次となってきた。ドイツでは高校におけるデュアル・システム，アメリカではコミュニティ・カレッジとビジネス・スクール，イギリスでは継続教育（continuing education）というように扱い方は異なるにしても，先進諸国における職業教育への取り組みは充実している。それというのも，社会や人びとの職業の意義や重要性への関心が高いからであろうが，欧米では近年，エンプロイアビリティの形成と強化が大きな政策課題として浮上している。次章で言及するように「大失業時代」の到来が展望され，現に若者を中心に失業率が高まっていることを背景に，国として国民の就労機会をどう確保していくかという問いかけへの1つの回答である。

ことばの意味からすれば，employとabilityとの合成語であるからして，就業者からすれば「雇用されうる能力」，組織からすれば「雇用しつづける能力」ということである。労働者は企業への依存心を棄て，自らの責任において職業に関するマインドとパワーを身に付ける必要があるということ。企業は，社会的役割の履行という観点からも，可能なかぎり従業員の雇用保証に尽力することが必要であるという趣旨と理解される。

わが国では1999年11月，日経連教育特別委員会がエンプロイアビリティについて見解を取りまとめ，今後の企業人事政策の重要課題と位置づけている。キャリアデベロップメントにたいする従業員の意識が低いという現状診断をふまえ，自律型従業員の育成をめざして雇用・人事・教育に関する施策体系を刷

第7章　職業アイデンティティ　*149*

> 図表 7 - 4　NED モデル

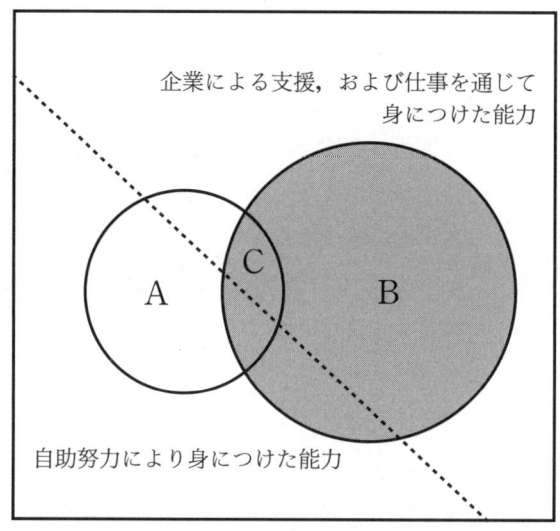

企業による支援，および仕事を通じて
身につけた能力

A　C　B

自助努力により身につけた能力

出所）日経連「エンプロイアビリティの確立をめざして」1999 年

新していくことが必要だとし，NED モデルを公表した（図表 7 - 4）。そこでは，エンプロイアビリティを「労働移動を可能にする能力」（A）と「当該企業の中で発揮され，継続的に雇用されることを可能にする能力」（B）とが合体されたものと定義されている。またエンプロイアビリティは「企業による支援，および仕事を通じて身につけた能力」であると同時に，「自助努力により身につけた能力」でもある。

(3) 市場価値，転職可能性，そしてコアコンピタンス

　テーマが雇用問題であれば，エンプロイアビリティの概念は労働者と企業の双方にとって，また社会や労働市場にとっても有用である。ただし職業と雇用とは，同じものではない。職業論がよって立つのは，個人についていえば，職業能力（マインドとパワー）を身に付け，一人前の職業人として生涯をおくるという観点である。職業を生きるうえでポイントになるのは，仕事の専門性や

自分なりの固有な資質に磨きをかけることであり，その過程を踏むことによって「めざす良い職業に就く」こと，将来にわたって充実した職業生活を送るという視点である。したがって個々人に問われるのは職業に就きうる能力，職業生涯を全うしうる能力である。個人にとって重要なのは「雇用させうる能力」ではあっても，雇用される能力ではないはずである。

現代社会では多くの職業が雇用されてなされるから，職業の遂行要件として勤務先は大事である。特定の組織に勤務することなしには，めざす職業が遂行できないこともある。たとえばJRに就職しなければ新幹線の運転手にはなれないし，刑事がめざす職業なら警察組織に雇用される必要がある。しかし世界的な料理人をめざす場合，フランスの三星レストランや京都の吉兆に出かけて修行をつむことはあっても，帝国ホテルや灘萬に雇用されることが目標になるのだろうか。エンプロイアビリティは，優れた職業能力や専門性を買われてスカウトされる，あるいはヘッドハントされるという意味に解したい。

いずれにしてもエンプロイアビリティはあくまでも雇用者を視野に入れた用語であるが，その意味するところを汲んで「転職可能性」とすると，職業論の視点にずーっと近づく。会社を変わる（正式には転社）だけではなく，職業を変え，仕事を変えることが視野に入ってくるからである。新聞記者から小説家へ，検事から福祉事業（NPO）へ，会社員から大学教授へ，銀行員から大阪府警の財務捜査官へ，プロスポーツ選手からタレントへといった転身事例は最近多いが，こういったものとしての「転職可能性」こそは，これからの職業世界で大いに問われることになろう。

大卒ホワイトカラーに関する日米独国際評価調査によると，現任役職者のうち「他社経験あり」はアメリカで81.8％，ドイツで70.3％なのに対して，日本は18.2％にすぎない（日本労働研究機構，1998）。詳細は図表7-5の通りであるが，世界の眼には不自然と写るようである。

これまで日本では「この会社で管理的地位につきたい」という社員が多かったが，この比率は，1996年の富士ゼロックス総合教育研究所の調査では2割

図表7-5 部課長のキャリア構成

日本: 82、15、18
アメリカ: 18、59、23
ドイツ: 28、46、26

■ 転社未経験の内部昇進部課長
■ 転社経験のある内部昇進部課長
□ 当該役職へ外部から直接採用された外部直接採用の部課長

(%)

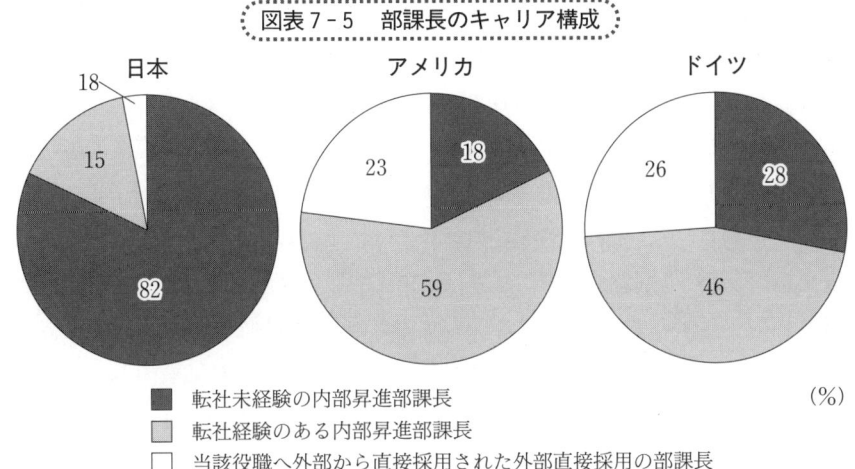

出所）日本労働研究機構「大卒ホワイトカラーに関する日米独国際評価調査」1998年

を下回った（19.7％）。いっぽう，「会社にはこだわらないが，専門的なキャリアを積んでスペシャリストになりたい」は36.4％であり，29歳以下では50.7％と高い数値となっている。すでにみた通り企業の人事雇用政策が転換したこともあり，社員意識は変わってきている。社会経済生産性本部の新入社員意識調査によると，1999年の場合「スペシャリストとして鍛える職場を望む」が51.3％と調査開始以来はじめて半数をこえた。ちなみに転職について「それなりの理由があれば容認する」は73.2％と高率であり，定年までの1社勤務志向は急速に弱まっているようである。

そうなると，自分自身の「市場価値」を高め，転職可能性の機会を拡大していくことが必要となる。現にいくつかの人材（派遣）機関が市場価値測定業務を事業化し，「転職した場合の年収」を知るため，そこを訪れる現役サラリーマンに対応している。「常に自己啓発をし，キャリアアップに勤めましょう。そうすれば市場価値は必ずアップします」がそのさいのキャッチコピーであるが，人材会社ブライトキャリアの例では，評価要素は，①自己啓発度，②実務経験，③ビジネスマインド，④協調性，⑤創造性（柔軟な思考・行動），

⑥専門知識の6要素で構成されている。

　必要とされる職業能力は，しかしながら数ではなくして，中核となる固有な資質であろう。それは，それぞれの職業にとって「中核となる固有のもの」であり，同時に個々人にとって「中核となる固有のもの」である。程度の高いことが前提となるが，余人をもって替えがたい，他者がスカウトしヘッドハントしたくなるような，優れた職業能力を身に付けていると，該当する職業集団が声をかけるという脈絡になる。企業は，市場で競争優位を確立するために中核能力としてのコアコンピタンスを保有することが不可欠であるといわれるが，コアコンピタンスという用語はほぼ同じ意味あいで個々人の職業能力にも当てはまる。キャリア開発を志向する中で，われわれには，自分にとって中核となる固有な職業的コアコンピタンスを身につけ，育成し，発展させ，活用していくことが要請される。

　職業アイデンティティの確立がテーマになるとき，個々人に要請されるのは，第1に職業マインドを確固たるものにすることである。それは職業の重要性を認識することと置き換えてもよいが，第2にはコアコンピタンスに磨きをかけてエンプロイアビリティを高めるなど，職業アビリティの育成に力を入れることである。これには，職業的世界における厳しい就業状況をしっかりと受け止め，働き方についても時代や社会の要請を受け入れるという思考と態度の柔軟性を身につけることが含まれるだろう。

第8章
職業的世界の動態

はじめに

　21世紀を迎える時代背景の中で，世界的に，就業をめぐる諸般の状況は厳しくなっている。日本については企業倒産や経営破綻など90年代には景気後退のあおりが強かったが，市場論理の浸透とIT革命の進行がかさなって「労働の終焉」が現実味をおびるなど，職業をめぐる諸条件とその舞台環境は変革の大波をかぶっている。

　日本では企業の雇用政策も90年代に入って大きく変化し，早期退職勧奨や中途採用など複線型の雇用制度が普及し，終身雇用制が大転換されている。これに就業者自身の意識の変化が介在し，「生涯一社勤務型」の働き方は一般性を失いつつある。

　産業と技術の発展は多くの新しい職業を作り出し，職業活動の舞台を拡大して社会の職業構造は大きく変動しつつある。趨勢的にはハイタレントな職業が増加し，自営業や家族従業者が減って雇用者が増え，女性の職場進出が増えるという傾向がみいだせる。

　80年代になると，西欧では社会的活動領域としてNPOやNGOに代表される第三セクターの活動が活性化しはじめる。近年わが国でも海外青年協力隊や自然環境保護団体への就業を希望する若者が目だちはじめ，また『カンパニーマンの終焉』が書かれるといった情勢が一方であり，今後は人びとの就業先が大きく変化することが予想される。福祉と介護，医療と保健，生態と環境，まちづくりと教育といった分野で，「社会的仕事」はますます必要となっていく。これにあわせて，人びとの働き方もまた変動していくだろう。

1. 就業と雇用の動向

　就業の機会に恵まれないことは個々人にとって生活上の大問題であるが，失業者が大量に存在することは社会的にもまた大変な問題である。人びとは就業機会の確保に向け真剣な努力をするが，国はその経済政策の大きな部分を国民に対する雇用機会の確保に向ける。歴史をたどれば，失業者が大量に発生し，経済がいっそう悪化し，それをめぐって労使が激突し，社会が混乱に陥ったような事態はしばしば発生した。

　1927年の昭和金融恐慌は，29年に発生した世界大恐慌とかさなって，日本経済に壊滅的な打撃を与えた。当時1455行あった銀行は，30年には913行に減少する。つまり全国で約500の銀行が破産・整理・合併吸収されたわけであるが，経営破綻は一般の会社においても進行し，多くの銀行・会社・役所において大量の解雇が実施された。『日本のサラリーマン』（松成季吉他）によると，十五銀行600人，鈴木商店550人，川崎造船所300人，東京電灯610人，白木屋呉服店110人，東京市190人，神戸市170人といったところ。

　このような状況を踏まえ青野季吉は30年に『サラリーマン恐怖時代』を著したが，「前言」でサラリーマンの誰一人として明るい，光明的な気持ちで生きているものはいない。物質的にはいうにおよばず，精神生活も萎縮し，ただ不安と恐怖があるのみだと書いている。食いつめたサラリーマンの中には活路を大陸や南方に求めて海外に雄飛する人も多かったというが，「学校は出たけれど」というセリフに象徴される就職難と失業の恐怖は，サラリーマン生活につきもののようである。

　1990年代に入ってバブル経済が崩壊し，大型倒産や有名企業の経営破綻が現実のものとなった。企業にとって雇用調整は大きな経営課題になり，中高年の早期退職奨励と生涯設計プログラムに関する文献や"人事破壊"をあつかった書物が書店に並ぶ。完全雇用を誇ってきた日本社会にあっても，就業をめぐる諸般の状況は厳しくなっている。

(1) 「労働終焉」の時代

　市場論理と IT 革命，そのことの因でもあり，果でもあるグローバリゼーションの進行によって，社会の仕組みや人びとのライフスタイルは不断の変動を余儀なくされている。仕事や雇用のあり方についてもそれは同様であり，職業をめぐる諸条件とその舞台環境は変革の大波をかぶっている。仕事の仕方が変わること，職業構造が変化することはこれまでの歴史にもみられたことだが，労働そのものが終焉し，雇用の場がなくなるということは衝撃的な大変動といわざるをえない。

　世界的に著名な文明評論家リフキン（Rifkin, J.）は，それにしても恐いことをいう。世界のほとんどすべての国で，市場部門における集団労働は徐々に消え去ってしまうだろう，と（邦訳『大失業時代』）。高性能な新世代情報通信テクノロジーが，いまや多種多様な労働現場に矢継ぎ早に導入されている。無数の職種でインテリジェント機器が人間にとって代わり，数百万人のブルーカラーおよびホワイトカラーを失業者の列へ，さらに悪くすればパンの施しを受ける窮民の列へと追いやっている。われわれは今，世界の人口をまかなうための商品やサービスの生産に必要とされる労働者がますます減り続けている，世界史の新しい局面に足を踏み入れつつあるとリフキンはいうのである。

　事実 1994 年の OECD レポート『雇用研究』は，加盟国の失業者数は 3,500 万人をこえ，戦慄的な雇用機会の喪失が発生していると報じている。また ILO は，失業は 1930 年代の大恐慌以来最悪の水準に達しており，「世界規模で完全雇用を達成するには 2000 年までに 10 億人分の新しい職場を作り出す必要がある」と警告している。

　以前ならある部門の労働者が技術革新によって職を奪われたとしても，新しい部門が誕生し，その被雇用者を吸収してくれた。だが，今日では伝統的な 3 つの経済部門，すなわち農業，製造業，サービス業のすべてにおいてテクノロジーによる人間労働の肩代わりが進行し，数多くの人びとを否応なく失業の列に放りこんでいる。ただ 1 つ起業家や科学者，エンジニア，コンピュータ・プ

ログラマー，専門労働者，教育家，コンサルタントなど少数のエリートからなる知識部門のみが成長をとげているが，今後数十年のうちに情報通信科学の画期的な進歩のあおりを受けて職場を追われる数千人，数億人の人びとの中で，そこに吸収されそうなのはごく一部にすぎないと指摘している。

　1980年代後半から，企業は市場原理が跋扈する中で厳しい競争条件にさらされ，費用対効果，品質管理，流通のスピード化に向けて，リーン・プロダクション（生産のスリム化）とリエンジニアリングによる減量経営へと邁進しはじめる。IT革命の進行は現実にそれを可能にする武器として作用し，日本を含む多くの国の，そして多くの企業がリストラやレイオフを断行することになり，多くの人びとが「職を探してあきらめ，あるいは不本意ながらパートタイムの仕事を受け入れている」とリフキンは述べている。

　とにかく「電話を受け，伝言を記録し，さらにはそれに応答すべき担当者まで探し出す全自動コンピュータ・システムの〈電子受付嬢〉」までが登場するわけであるから（ヴァーチャルオフィスの出現），サービス部門における労働力の吸収には大きな期待がもてない。銀行や保険，会計，法律，通信，航空，小売業やホテルなどでは，生産性の伸びがきわめて大きいのである。

(2) 就業をめぐる諸状況

　平成12年度の『労働白書』によると，1999（平成11）年の完全失業率は年平均4.7％，前年差0.6ポイントの大幅上昇となるなど，雇用・失業情勢は急速に深刻さを増した。求人の大幅減少と求職の大幅増加によって有効求人倍率は0.48倍と過去最低を記録し，企業の採用意欲が一段と減退して新規学卒者の内定率も低迷した。また非自発的失業者の増加とともに，雇用需要の減少，採用の抑制に伴い再就職の困難度が増し，失業期間が長期化したと分析している。東京商工リサーチの調査によると，1998年の累計で倒産件数は1万8,988件，倒産従業員被害者数は18万5,093人と，それぞれ前年比15.3％増，19.8％増となっており，景気の低迷を反映して大幅に増加した。

就業者数は 1998 年平均で 6,462 万人，前年差 52 万人減と 2 年連続で減少となり，減少幅も戦後最大であった。そのうち雇用者数は，同じく年平均で 5,331 万人，前年差 37 万人減と 2 年連続で減少したが，これも戦後はじめてといわれる。製造業と建設業の雇用者が大幅に減少したこと，一般労働者が減った反面でパート労働者は増えたこと，中小規模で大幅な雇用者減がみられたこと，職種別にはブルーカラーが大きく減少したこと等が特色であった。

1999 年における平均の新規求人数（新規学卒者を除く）は 48 万 8,526 人，前年比 0.7％減と 2 年連続で減少した。いっぽう新規求職者は年平均では前年比 4.2％増と 1998 年（前年比 15.4％増）より増加幅は縮小したものの，依然高水準で推移した。こうした新規求人・求職の動きを受けて，新規求人倍率は年平均で 0.87 倍と前年（0.92 倍）より低下し，2 年連続で 1 倍を下回った。

新規学卒者の労働市場状況に眼を転じると，厳しさは一層である。文部省「学校基本調査」によって就職率（卒業者に対する就職者の割合）の推移をみると，大学卒（男女計）の就職率は 1997 年に 6 年ぶりに上昇したものの，1998 年には再び低下し，1999 年には 60.1％と前年から 5.5 ポイント低下し，比較可能な 50 年以降で過去最低の水準となった。

(3) 雇用不安

こういった就業と雇用をめぐる厳しい状況に遭遇し，先行きの生活やこれからの人生に対して不安をいだく人は多いだろうし，就職を目前にする多くの大学生は焦燥感にかられているはずである。わが国では，ことに 1960 年代以降に経済は好調裡に推移したから，雇用の確保とか雇用機会の創出といったテーマは社会問題にはなりにくかった。しかし 1990 年代以降，事態は大きく転換する。

経済企画庁の平成 8 年度「国民選好度調査」は，人びとの生活に関係する 60 項目の事項について，重要度と充足度を調査している。全体は医療と保健，教育と文化，勤労生活，休暇と余暇生活，収入と消費生活，生活環境，安全と

個人の保護,家族,地域生活,公正と生活保障という10領域に区分されているが,「最も重要である」と評価したのは,第1位が医療と保健,第2位が収入と消費生活,第3位が教育と文化,第4位が勤労生活である。実際に国や自治体が力を入れてほしいとしたのは,第1位が医療と保健,第2位が収入と消費生活,第3位が勤労生活であり,81年以降この順序は変わることがないという(『国民の意識とニーズ』1997)。

このうち勤労生活という領域は,つぎのような6項目で構成されている。
　イ．希望する職業への転職が容易であること
　ロ．やりがいのある仕事や自分に適した仕事ができること
　ハ．職業紹介や職業訓練のための施設や内容が充実していること
　ニ．職場環境が快適に保たれること
　ホ．失業の不安がなく働けること
　ヘ．労使での問題が円滑に解決されること

項目でみると,勤労生活の中の「希望する職業への転職が容易であること」は,重要度得点が3.77と全体の中で16位であるが(最高は5点),前回調査の92年と比べると0.08ポイント上昇しており,重要度得点の上昇度合いは2番目に高くなっている。もっとも勤労生活6項目の中では,「失業の不安がなく働けること」が最も重要視されており,重要度得点は4.27となっている。この「雇用の安定」に加えて,「適職」ないし「転職」にたいして大きな関心がでてきたということであろう。

この調査は,別のところで,勤労者(勤め人)にたいして「あなたは,業績や生産などが少しくらい落ちても,勤め先が雇用を守ってくれるといった信頼感をお持ちですか」と尋ねている。「信頼感を非常に持っている」は9.6％とわずかであったが,「信頼感をある程度持っている」は47.1％あり,合計すると56.7となっている。ところが,この結果を82年に同じ質問をしている総理府「勤労意識に関する世論調査」と比較すると,男女とも雇用に対する信頼感は大きく低下している。1982年の総理府調査では「信頼感を非常に持ってい

る」21.6％,「信頼感をある程度持っている」51.71％,合計73.3％となる。10年間のあいだに,大きな変化が起こったことになる。バブル経済崩壊後の雇用情勢の悪化を受けて,国民の雇用不安が高まったことは明らかである。

2. 転換する企業の雇用施策

　勤労者や会社員が雇用不安をいだくには,景気が低迷し雇用需要が大幅に減退しているという客観情勢にとどまらず,日本企業の雇用政策が大きく変化したことが影響している。1990年代に入って,企業は実力主義処遇,年俸賃金制,早期退職勧奨,中途転職支援,複線型雇用形態等々の諸制度をつぎつぎと採用し,終身雇用制の大転換を通してぶらさがり社員排除の方針を強力に打ち出している。会社員の意識と行動はそこから大きなインパクトを受けることになるが,以下に企業の雇用施策にみられる主要な特徴をさぐっておこう。

(1) 雇用形態の多様化

　常用雇用の正社員を視野におくとき,新規学卒採用,企業内部での異動と昇進,OJTによる能力開発,長期的雇用,年功賃金と長期雇用をベースにした退職金支給というのが日本型雇用制度の仕組みであり慣行となっていた。しかしながら近年は,採用の仕方からして変化し,どこの企業にとっても中途採用はもはや当たり前になり,また非正社員の割合が増していることが指摘できる。

　労働省の「日本的雇用制度に関するアンケート」によると,中途採用についてはゼネラリスト型人材よりもスペシャリスト型人材を重視する傾向がみられる（労働省,1995）。スペシャリスト型人材を「引き続き重視」が37.5％,「今後は重視」が32.4％となっている。

　中途採用として「パート・アルバイト採用」の方針も目立つ特徴点であり,「引き続き重視」が35.7％,「今後は重視」が15.5％となっている。業種別には卸売・小売業・飲食店や金融・保険業,サービス業で「引き続き重視」が多くなっている。「就業構造基本調査」によると,卸売・小売業・飲食店におけ

るパート・アルバイト比率は，1982年には21.6％であったが，1987年に27.9％，92年に31.4％と増え続け，1997年には38.1％へと増大している。「人材派遣業からの社員受け入れ」についても，「引き続き重視」が14.6％，「今後は重視」が12.4％となっている。

いずれにしても雇用形態の多様化によって，常用雇用の正社員の割合はその分小さくなる。雇用者を，常用雇用の正社員としてイメージする向きからすると，雇用機会はそれだけ狭められたことになる。

(2) 雇用保障に関する方針

企業の雇用保障政策は，近年大きな変化をみせている。労働省の「雇用管理調査報告」によると，「終身雇用慣行を重視する」企業の割合は1990年には27.1％であったが，99年には9.9％に減少している。一方「終身雇用慣行にこだわらない」企業の割合は，90年では36.4％であったが99年には45.3％に増加している。「どちらともいえない」は，90年が25.4％，99年が38.3％となっており，徐々に終身雇用慣行にこだわらない企業が増加している様子がうかがえる。

1998年の日本労働研究機構の「構造調整下の人事処遇制度と職業意識調査」は，より内容に立ち入って終身雇用慣行の現状と将来について調べている。回答の選択肢は，つぎの5つである。

- イ．定年がなく，働ける限りは働いてもらう
- ロ．原則として定年まで雇用してきた，または定年後一定期間，勤務延長や再雇用で働いてもらう
- ハ．必ずしも定年まで雇用するということではなく，中高年齢者等について関連会社，子会社に出向，転籍もすすめる
- ニ．若いうちから従業員の独立や転籍が多いことを前提に人事労務管理を行う
- ホ．その他

このうち「定年がなく，働ける限りは働いてもらう」は，定年制を設けている大企業については一般的でない。また「若いうちから従業員の独立や転籍が多いことを前提に人事労務管理を行う」は，経営理念を反映したもので一般的ではないが，将来に向けて数値をあげている。現業では4.7％から8.9％へ，営業では3.8％から8.2％へ，技術・研究では3.1％から7.7％という具合。大企業でも，若者を中心に転職者や離職者が増えていくと予想されるからであろう。「必ずしも定年まで雇用するということではなく，中高年齢者等について関連会社，子会社に出向，転籍もすすめる」は，現状では10％未満にとどまっているが，将来方向としては各職種とも3倍にも増える。

いっぽう，「原則として定年まで雇用してきた，または定年後一定期間，勤務延長や再雇用で働いてもらう」というオーソドックスな終身雇用慣行企業は割合を減らし，将来方向としては6割強となる見通し。この数値をもって労働白書は「根強い長期雇用慣行への支持」とコメントしているが，人びとは終身雇用慣行の崩壊を実感している。「原則として」となっているが，社員からみれば，少数でも事例が発生すれば「いずれは我が身にも」と観念するからである。雇用の維持は企業の責任と明言している経営者も多く，これからも「断固」定年まで雇用するとしている企業は存在するが，先に紹介したアンケートが示す通り，将来に向けて雇用不安をかかえる人びとの多いのが現状である。

(3) 早期退職制度

大企業を中心に早期退職優遇制度が広く普及するようになったことも，企業雇用政策にみられる最近の大きな特色である。しかもこの制度，従来はもっぱら定年直前の中高年社員を対象にしていたが，近年は制度の適用開始年齢が急速に低年齢化している。

労働省の「雇用管理調査」によると，定年年齢を60歳以上としている企業は，1982年時点では全体で45.8％であったが，1992年では76.6％，1997年では90.2％へと拡大し，60歳定年制度は広く普及した。従業員5,000人以上

の大企業では，1997年の場合100％である。定年後の継続雇用制度についても，1997年時点で70.1％の企業が導入している。最高年齢に定めを設けていない企業が43.7％と多いが，65歳以上の企業が19.6％ある。高年齢従業員のニーズは従来から強かったが，高齢化の進展によって社会的な要請も高まってきたことによって，高齢者雇用に対する政策的努力が強化されたことが実現を早めたようである。60歳定年は86年に努力義務化され，1994年に義務化されたが，1990年には65歳までの継続雇用が努力義務化された経緯がある。

　肝心の早期退職優遇制度であるが，「高年齢者就業実態調査」によると，導入割合は1980年の場合全体で3.2％であったが，1997年には7.0％に上昇した。従業員5,000人以上の大企業では，1980年の場合34.1％であったが，1987年には50.1％と過半数の企業が制度を導入し，1997年には55.7％となっている。適用開始年齢も49歳以下が50.2％と過半数をわずかながらこえており，このこととからみ，実際にも定年による退職が減少して退職形態自体は多様化した（『平成12年版労働白書』）。

　早期退職優遇制度がバブル経済の崩壊後に多くの企業によって導入されたについては，事業の縮小や再構築が多くの企業にとって不可避となったことと深くかかわる。組織のスリム化にあわせて人員の削減が不可欠となったからであり，割り増しの退職金支給と引き換えに，中高年の自発的退職を誘導しようということ。したがって，いわゆるリストラ対策の一環と位置づけられる。その意味で退職制度である点に相違はないが，あわせて転職促進制度としての性格をもっている。たとえば在籍出向と移籍出向とを問わず出向元企業へ戻ることが予定されていない「退職出向」制度は，日本労働研究機構の「構造調整下の人事処遇制度と職業意識に関する調査」によると，大企業を中心に普及しており，従業員5,000人以上の企業ではほぼ半数が制度をもっている。目的はいろいろあるが，この調査によると38.6％の企業が「定年以降の雇用機会を本人に提供するため」としている（複数回答）。自社でそうすることが困難となってきているという背景の中で，企業として，定年後の雇用について一定の配慮

をしようという趣旨であろう。

3. 変化する就業形態

　労働市場や雇用情勢，ならびに企業の人事・雇用政策が変化することを通して，人びとの就業形態もまた変化を余儀なくされている。これには，就業者自身の意識の変化が介在している点も明白であるが，現実にどんな変化が発生しているであろうか。

　働き方ということになれば，どのような職業についても，変化はさけられない。ただしここでは，企業に雇用されている勤労者に焦点をあてる。会社員の場合も，これまでと働き方はずいぶん違っていくが，ここでは「転身」というキー概念から現実にアプローチしておきたい。「新卒で採用され，企業内部で異動と昇進をかさね，OJTで能力を開発し，年功で昇給し，定年まで勤務し，退職金をもらって引退する」という「生涯一社勤務型」の働き方は，もはや一般性を失っていくということ。

　一言でいえば，いく度かの転身（change one's course）が不可避になるだろうということである。1つのパターンは転社（会社を変える）であり，もう1つのパターンは転職（職業を変える）であるが，後者の転職には大別して独立仕事人になるケースと，起業・開業するケースとがある。

(1) 転職・転社の実情

　生涯一社勤務の働き方が転機を迎える中で，多くの企業は，早期退職優遇制度とのセットで転職支援制度を発足させている。企業によって転進（身）支援制度，ニューライフチャレンジ支援制度，進路選択退職制度などと名称が異なり，狙いや内容も一律ではないが，総じて適用対象が若年化しつつある。

　たとえば東京電力は30歳以上の若手社員も対象にする転職支援制度を2000年3月に導入したが，最大で1.5倍の割り増し退職金を支給する（割増退職金制度）ほか，求職活動や資格取得のために最長1年の休職を認め（転職前休職

制度），さらに再就職支援会社への派遣（再就職支援会社派遣制度）も行うというものである。このうち休職制度は，29歳以上で勤続3年以上の社員について，休職期間中の給与・賞与は時間外手当てを除いて休職前の水準を認めるが，復職は認めないという内容。また再就職支援会社への派遣は，期間は1年で，待遇は休職制度と同じだが，年齢制限は設けず，再就職先がみつからない場合は復職も可能という内容である（『朝日新聞』2000年2月17日）。

花王は中高年社員の別会社への転職支援のため，別会社に出向して1年たった時点で転籍するか復職するかを選べる制度を導入している。在職中から人材紹介会社などに登録させ，社員に市場価値を知ってもらうという（『日本経済新聞』2000年2月24日）。NECには，退職を前提に2年間の有給休暇が取れる転身支援制度がある。独立の準備や行政書士や司法書士などの資格取得を本格的に支援するには，長い休暇が必要になったと説明されている（『朝日新聞』2000年1月12日）。

総務庁の「就業構造基本調査」によれば，転職希望率は1977年7.6％，1987年9.9％，1997年10.7％と増えている。ただし年齢による差に留意する必要があり，97年の場合，15〜24歳は21.8％であるが，35〜44歳は10.8％。リクルート・リサーチの「首都圏ビジネスマンの転職実態調査」によると，1997年の場合に転職志向派が35％，非転職志向派が65％である。全国調査とくらべて高率であり，その率は近年に近づくほど上昇傾向にある。1998年に日本労働研究機構が実施した調査によると，図表8‐1にみる通り，過半数の人びとが転職への意向をもっている。

転職の理由としては，総務庁の「就業構造基本調査」等によると「労働条件が悪かったから」「収入が少なかったから」「自分に向かない仕事だったから」が3大要因であるが，総務庁が1998年10月に実施した「求職状況実態調査」には，バブル経済の崩壊とその後における長期的不況の影響が統計の上はっきりでている（『平成11年版労働白書』）。つまり15〜34歳では「収入・勤務時間・休日などの労働条件が前に思っていたのと違っていた」や「自分または家

図表 8-1 転職志向の実態 (%)

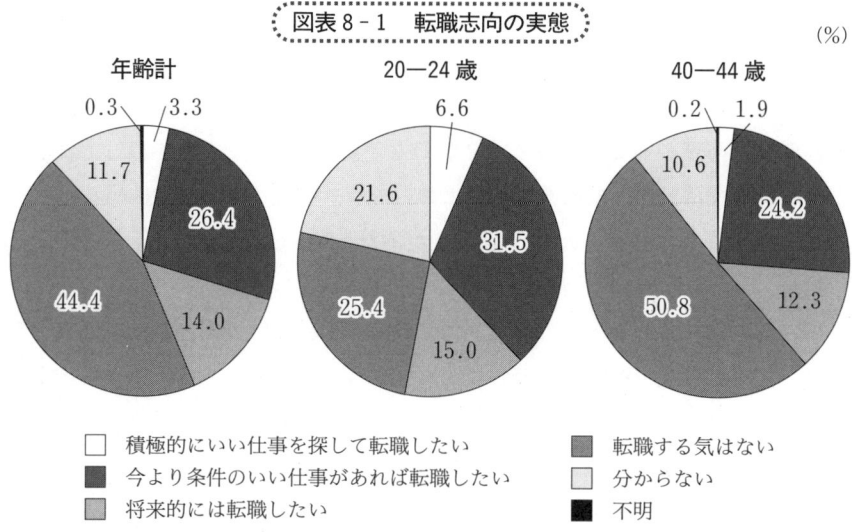

年齢計: 0.3 / 3.3 / 11.7 / 26.4 / 14.0 / 44.4
20—24歳: 6.6 / 21.6 / 31.5 / 15.0 / 25.4
40—44歳: 0.2 / 1.9 / 10.6 / 24.2 / 12.3 / 50.8

□ 積極的にいい仕事を探して転職したい　　■ 転職する気はない
■ 今より条件のいい仕事があれば転職したい　□ 分からない
□ 将来的には転職したい　　　　　　　　　■ 不明

出所) 日本労働研究機構「構造調整下の人事処遇と職業意識に関する調査」1999 年

族の都合（結婚・出産・家事・介護・病気など）」が多い。それが 35〜54 歳では，これらの割合はいちじるしく低下して「事業所の閉鎖や会社倒産，自営事業の廃業」と「解雇や人員整理（退職勧奨に応じた場合も含む）」があわせて過半数を占めるようになり，55 歳以上となると「定年，雇用契約期間の終了」が多くなり，「解雇や人員整理」と「事業所の閉鎖や会社倒産等，自営事業の廃業」があわせて 35％強にもなる。企業のリストラや構造不況が色濃く反映されてくる。

(2) 独立仕事人

転身とは，生き方を変えることである。就業の仕方を変えることは転身の大きな引きがねになり，それ自体が転身であるが，その 1 つのパターンである転社を前項で扱った。もう 1 つのパターンは転職（職業を変える）であり，独立仕事人になるケースと起業・開業のケースとがある。

転職とは，文字どおりに解すれば，職業を変えることである。農業から会社員へ，会社員から公認会計士へ，セールスマンからインテリア・デザイナーへ，

公務員から作家へ,調理師から漫才師へといった転換をさすはずである。しかし今日では,もっぱら会社員が勤務する会社を変えることをさして転職といっている。所属する企業が変わることを通して,確かに職種,職掌,職場が変わり,勤務地も変わることになる。しかしながら「会社員という職業」「会社員という社会経済分類」に帰属する点においては,転換という現象は起こっていない。本来なら「転社」という言い方があたっているだろう。あるいは,再「就社」ということかもしれない。

転社とは異なるもう1つの会社の離れ方は,一言でいえば「独立・起業」である。起業は独立を前提にしているが,独立したからといって会社を興したり,開業したりはしない場合がある。いわゆるフリーランサーなどがその例であるが,資格を取得し専門職として企業や事務所とパート契約をかわすような場合も,ここに含まれるだろう。リクルート・リサーチの97年の「首都圏ビジネスマンの転職実態調査」では,独立意向者の「独立希望形態」を,①新しい会社を興す,②自分のお店をもつ,③フリーランサーになって独立する,④販売店・代理店を経営する,⑤フランチャイズチェーンに加入するという5つに区分している。これは,企業からの独立意向者を対象にした調査であるが,

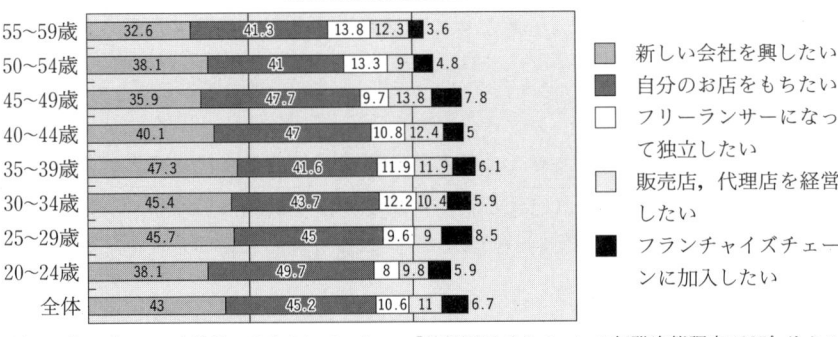

図表8-2 独立業の形態

年齢	新しい会社を興したい	自分のお店をもちたい	フリーランサーになって独立したい	販売店,代理店を経営したい	フランチャイズチェーンに加入したい
55〜59歳	32.6	41.3	13.8	12.3	3.6
50〜54歳	38.1	41	13.3	9	4.8
45〜49歳	35.9	47.7	9.7	13.8	7.8
40〜44歳	40.1	47	10.8	12.4	5
35〜39歳	47.3	41.6	11.9	11.9	6.1
30〜34歳	45.4	43.7	12.2	10.4	5.9
25〜29歳	45.7	45	9.6	9	8.5
20〜24歳	38.1	49.7	8	9.8	5.9
全体	43	45.2	10.6	11	6.7

注)50代のデータは全体値には含まれていない。『首都圏ビジネスマンの転職実態調査1997』リクルートリサーチ
出所)リクルートワークス研究所編『人材市場データブック2000』ダイヤモンド社,2000年

結果は図表8-2のようなっている（複数選択可）。

通産省の「高齢者の雇用環境整備に関する研究報告書」によると，日本のビジネスマンの場合（男性），「独立してみたい」が全体の32.5％，「独立したくない」が65.4％である。年齢層別では，独立志向は30〜34歳が1番多くて51.9％，2番目は25〜39歳で39.2％，3番目は35〜39歳で38.3％である。数値は小さくなるが，それでも4割近いビジネスマンは独立してみたいと思っている。あくまでも可能性としてであろうが，日本の会社員は，けっして今に安住しているわけではないということになる。ただし高齢の55〜59歳では18.0％，若年の24歳以下では20.0％と相対的に低い割合となっている。

一体こういった高い独立志向はどんな背景からであろうか。同じく「高齢者の雇用環境整備に関する研究報告書」によると，1番多いのは「自分の可能をためしてみたい」であって78.7％，2番目の「自分の趣味や特技を仕事にしたい」で71.1％といずれとも高率である。この2つは，55〜59歳を除く各年齢区分において1位と2位である。このうちの「自分の可能をためしてみたい」は，30〜34歳では91.1％，35〜39歳では86.3％にも達する高率となっている（リクルートワークス研究所，2000）。

また「中小企業創造的活動実態調査」(1998)によると，創業の動機としては，「自己実現を図りたい」(47.3％)と「自分の能力を発揮したい」(36.3％)の2つは，その外の動機を大きく上回って上位を占めている（『平成11年版労働白書』）。

省りみれば，職業を通じて「自分の可能をためし」，「自分の趣味や特技を仕事にする」のは，職業の2大理想要件かもしれない。従来から，職業人生に関してこういわれる。まず雇われて仕事をし，能力的資源を蓄積し，人的ネットワークを広げる。それを元手に会社や組織から独立し，自分で事業を興す。その後，成功にあわせて従業員を雇い入れ，いっそう事業を発展させていく。いわば雇用者から単独自営業者，さらに有雇用自営業者へという進化は，職業の視点からは理想の人生コースであるといわれる。

(3) 起業・開業

　いっぽう「現在の会社に不満があるから」や「現在の会社の成長は望めそうにない」といった独立志向への消極的理由は，それぞれ4割強あるが，相対的には小さい。本来「独立・起業」は，不況と会社都合という外的要因を背景に発想されたものではないということであろう。「独立・起業」という就業方式は，よい職業とは何かをよく物語る活動様式のようである。

　しかしながら独立・起業への志向が現実に行動化されているかといえば，そういうわけではない。1999年版『中小企業白書』によると，日本の有雇用事業所の開業率は低下傾向にあり，1997年度には4.2％であって，アメリカの開業率に比べてかなり低く，先進諸国の中でも低いほうだと報じられている（『平成11年国民生活白書』）。総務庁の「事業所・企業統計調査」によると，1991～96年の場合，開業率は3.1％であるが，廃業率が3.2％であったから，事業所増減率はマイナス0.1％なのである。ちなみに，就業者に占める自営業者の割合は長期的にどんどん低下しており，1970年が19.2％，1980年が17.2％，1990年が14.1％，そして1996年には11.8％へと急落している（『活用労働統計』）。

　しかし，このような諸統計を離れて現実に目をやると，独立や起業へのうごきは盛んである。新聞や雑誌には多くの独立と起業をめぐる多彩な成功事例が紹介され，その種の書籍も多く発刊されている。たとえば『仕事を愉しむ』は，高任和夫がインタビューを通して取りまとめた「老若男女24人の独立・起業物語」である。また『25歳の起業論』は，ニュービジネス協議会が編集したものであるが，「20代で起業した64人」のケースが紹介されている。力強く人生を切り開いている人びとの発想と行動の有り様は，読む者をして勇気づけてくれる。本書にも，そういった人びとの生きざま，生きがいが数多く紹介されている。こういったことの背景の1つは，雇用問題が深刻化し雇用の創出が政策の中心課題にまでなるような社会情勢であるが，もう1つは新しい生き方を求める人びとの姿勢である。マスメディアの報道が，それに一層の拍車をか

けているという側面もあろう。

　転職や転社，あるいは独立や起業は人生における大きな出来事（イベント）である。スタートは働き方の転換であるが，あわせて生き方の大転換につながるという意味あいからすると，文字どおり「転身」というにふさわしい。人は，こういった転身を重ねることによって豊かなキャリアを築くことになる。キャリアとは，いわば転身の足跡といってよい。

　これまでの記述を要約すれば，つぎのようにまとめることができる。

① 必ずしも定年まで勤務できるとは限らない情勢があり，勤務しない人びとが増えていく。
② 高齢化の進展により，それでも60歳以上になっても働くことを余儀なくされる情勢がまっている。
③ 定年前の転職社や再転社が避けられない状況に遭遇し，生涯で複数の会社に勤務する可能性が高くなっている。
④ 会社勤務から離脱し，独立仕事人（ないしフリーランサー）になるケース，あるいは起業や開業によって自営業者になる人の割合がます。
⑤ 派遣やパートとして会社に勤務する割合が高くなる。
⑥ フリーターとして会社に勤務する人が増える。
⑦ 毎年のベースアップや右上がりの賃金上昇，ならびに労働条件アップは期待できない。
⑧ 管理職昇進につながる直線人事制度が退色し，役職経験なしの勤務となる可能性があるばかりか，逆転人事さえありうる（勤続年数が自分より少ない人を上司にもつなど）。

4. 職業構造の変化

　技術の発達と経済の発展，それに起因する社会の複雑化はつぎつぎに新しい職業を作り出し，職業活動の舞台を拡大してきた。したがって職業に従事する人びとの数も増加の一途をたどってきているが，ここでは近年における職業の

推移を概観し，職業構造の現代的状況を浮き彫りにしておこう。職業の意義や，これからの職業のあり方を展望するうえで有意義であろう。

ここで職業構造とは，1つは職業別就業者の動向であり，2つは就業者の従業上の地位別分布状況である。データは，主として1995（平成7）年の国勢調査である。

(1) 趨勢的変化

1995年の場合，15歳以上の就業者は6,390万人であるが，「農林漁業関係職業」「生産・運輸関係職業」「販売・サービス関係職業」「事務・技術・管理職関係職業」という4区分で捉えると，構成比は11.2％，32.7％，23.9％，36.7％となっている。5年前と比べると，事務・技術・管理職関係職業と販売・サービス関係職業はそれぞれ10.7％と7.6％増加しているが，農林漁業関係職業と生産・運輸関係職業はそれぞれ11.2％と3.4％減少している。

図表8-3でみる通り，1965年からの30年間を通して，農林漁業関係職業は一貫して減少しつづけ，事務・技術・管理職関係職業と販売・サービス関係職業とは一貫して増加しつづけている。生産・運輸関係職業は，1970年にピークを迎えた後に漸減し続けている。事務・技術・管理職関係職業の中では専門的・技術的職業従事者の増加率がめだって高く，1965年には5.5％であったが，1995年には12.8％へと上昇した。それでもアメリカやドイツに比べて，日本の専門的・技術的職業従事者比率はまだまだ低いのが現状である。なお事務職業従事者も13.1％から19.4％へと増加，この間に販売職業従事者は1980年にピークを迎えたあと横ばいの状況，サービス職業従事者は漸増している。

ちなみに保安職業従事者，運輸・通信職業従事者，管理的職業従事者，技術工／採掘・製造・建設作業者／労務作業者は7割以上が男性であるが，サービス職業従事者と事務職業従事者については女性が6割をこえている。データの年代は不揃いであり1980年代のものが中心であるが，諸外国の職業構造は図

第8章 職業的世界の動態 171

図表8-3　主要先進国の職業（4部門）別就業者数

国　名（年次）	就業者数 (1,000人)					割　合 (%)				
	総　数	I 農林漁業関係職業	II 生産・運輸関係職業	III 販売・サービス関係職業	IV 事務・技術・管理関係職業	総　数	I 農林漁業関係職業	II 生産・運輸関係職業	III 販売・サービス関係職業	IV 事務・技術・管理関係職業
日　　　本 (1990)	4)61,734	4,327	20,935	13,980	22,136	100.0	7.0	33.9	22.6	35.9
カ ナ ダ (1989)	13,431	654	3,664	3,080	6,034	100.0	4.9	27.3	22.9	44.9
フランス (1982)	4)5)21,207	1,803	7,347	4,411	7,480	100.0	8.5	34.6	20.8	35.3
ドイツ連邦共和国 (1985)1)	4)26,627	1,280	9,077	5,470	10,188	100.0	4.8	34.1	20.5	38.3
イタリア (1981)	20,246	2,097	4,663	5,111	8,375	100.0	10.4	23.0	25.2	41.4
イギリス (1981)2)	4)23,440	353	8,005	4,467	10,395	100.0	1.5	34.1	19.1	44.3
アメリカ合衆国 (1989)3)	4)5)123,120	3,655	34,179	31,352	53,901	100.0	3.0	27.8	25.5	43.8

1）旧西ドイツ地域。2）北部アイルランドを除く。3）16歳以上。4）「分類不能の職業」を含む。
5）軍人を除く。
資料：ILO, *Yearbook of Labour Statistics*, 1987～1990年版による。
出所）総務庁統計局「平成7年国勢調査報告書」日本統計協会，1996年

表8-3の通りである。

(2) 雇用者比率の増加

就業者の「従業上の地位」別割合は，1995年の場合，雇用者が81.5％，自営業主が12.1％，家族従事者が6.4％である。30年前（65年）は，それぞれ60.7％，19.7％，19.5％であり，変動の大きさに驚かされる。非農業部門ということになれば，9割が雇用者ということになる。しかし雇用者比率は，図表8-4にみる通りアメリカ，カナダ，イギリスではもっと高く，いっぽう韓国やイタリアの自営業主比率は日本の倍以上となっている。国による職業観の相違を反映したものと理解される。

職業の現代的特徴ということになれば，それが，雇用労働という形態をとっている点にみいだされるだろう。つまり医者であり弁護士であり建築技師であっても，警察官，理髪師，料理人，コピーライター，新聞記者，プロ野球選手等々であっても，雇用されて職業活動に従事している。これが現代社会における，職業にみられる大きな特徴であるが，現代社会における雇用者の最大多数が企業に雇用されている会社員である点は明白である。

図表8-4　主な国の従業上の地位別15歳以上就業者数の割合　　（％）

国名（年次）	総数	雇用者	自営業主	家族従業者
日本（1995）	100.0	81.5	12.1	6.4
カナダ（1993）1)	100.0	89.8	9.7	0.5
アメリカ合衆国（1994）1)2)	100.0	91.5	8.4	0.1
韓国（1993）3)	100.0	61.0	28.2	10.8
イタリア（1994）1)4)	100.0	71.2	24.3	4.5
イギリス（1993）2)	100.0	86.7	12.7	0.6

資料：ILO, "Yearbook of Labour Statistics, 1994-95" による。
　　　ただし，日本は国勢調査の結果による。
1) 軍人を除く。2) 16歳以上。3) 外国人居住者と軍隊を除く。4) 14歳以上。
出所）総務庁統計局「平成7年国勢調査報告書」日本統計協会，1996年

　雇用形態の多様化にともなって，会社員といっても，正社員のほかパートタイマー，派遣労働者，臨時・日雇い，契約・登録社員等いろいろである。だが職業としての会社員ということになると，「常用の通常勤務労働者」ということになるだろう。その数は，非農林業の週間就業時間35時間以上とすると，1997年の場合で3,957万人（雇用者全体の73.4％）に達するという（『平成10年度版労働白書』）。

(3) 職業の増減

　以上は職業構造に関するマクロな分析であるが，職業小分類にそくしてミクロレベルで捉えると，1番多いのは一般事務員であって総数は900万1,000人，就業者（15歳以上）に占める割合は14.1％である。以下，農耕・養蚕作業者（311万8,000人，4.9％），販売店員（303万5,000人），会計事務員（274万8,000人），商品販売外交員（233万4,000人），自動車運転手（198万2,000人），調理人（183万3,000人），会社役員（176万1,000人），商品・保険・不動産を除く外交員（106万5,000人），飲食物給仕・身の回り世話係（106万4,000人），小売店主（103万1,000人），他に分類されない労務作業員（102万3,000人），土木工・舗装工（89万7,000人），看護婦・看護士（81万6,

第8章 職業的世界の動態

図表8-5 就業者数の増減率が高い職業小分類 上位20位（就業者数5万人以上）

	増加					減少			
順位	職業小分類	就業者数(1000人) 平成7年	平成2年	増加率(%)	順位	職業小分類	就業者数(1000人) 平成7年	平成2年	減少率(%)
1	他に分類されないサービス職業従事者	259	138	87.7	1	金属工作機械工	221	341	35.3
2	マンション・アパート・下宿・寄宿舎・寮の管理人	143	93	53.9	2	織布工	76	108	29.8
3	土木・測量技術者	501	339	47.6	3	その他の製糸・紡績作業者	75	105	28.9
4	その他の保健医療従事者	383	274	39.7	4	ミシン縫製工	504	671	24.9
5	表具師	104	75	38.4	5	金属プレス工	138	176	21.9
6	自然科学系研究者	152	110	38.1	6	養蚕作業者	238	302	21.2
7	その他の家事サービス職業従事者	55	41	34.1	7	電気機械器具組立工	701	885	20.8
8	製版工	60	45	33.8	8	電信電話器具据付工・保守工	84	105	20.1
9	駐車場管理人	59	45	32.2	9	染色工	54	67	18.5
10	郵便・通信事務員	139	107	30.1	10	電子計算機等操作員	197	238	17.1
11	その他の社会福祉専門職業従事者	215	107	28.7	11	水産養殖作業者	70	84	17.0
12	その他の技術者	84	66	27.1	12	その他の木・竹・草・つる製品製造作業者	55	66	16.5
13	その他の食料品製造作業者	497	391	27.0	13	電線架線工	57	68	16.0
14	とび工	114	91	25.5	14	紙製製造工	54	65	15.7
15	娯楽場等の接客員	439	350	25.4	15	その他の時計・計器・光学機械器具組立・修理作業者	53	63	15.3
16	外交員（商品，保健，不動産を除く。）	1,065	580	23.8	16	漁ろう作業者	154	181	14.7
17	半導体製品製造工	122	99	23.1	17	印刷工	186	218	14.6
18	薬剤師	125	102	22.5	18	製材工	69	81	14.5
19	清掃業	105	580	21.4	19	計器組立工・調整工	50	59	14.2
20	広告宣伝員	58	48	20.5	20	その他の窯業・土石製品製造作業者	104	121	14.0

出所）総務庁統計局「平成7年国勢調査報告書」日本統計協会，1996年

000人），その他の金属加工作業者（102万3,000人，1.3％）が15位までである。

ついで小分類職業について，5年間で増減の幅が大きな職業をリストアップすると図表8-5のようになる。サービス職業，保健・医療職業，福祉職業，通信関連職業，娯楽場等の接客員，外交員，半導体製品製造工などが増加傾向にあるのは常識的にも想像できる。自然科学系研究者についても，宇宙時代の到来や科学技術の著しい発展に呼応するという説明が可能であろうが，表具師が38.4％増えたことにはどんな背景があるのだろうか。

5. 増大する「社会的仕事」

雇用機会の喪失が労働者に及ぼす影響は，家計や生活設計という領域にとどまらない。心理的な不安やストレスなど人びとが被る精神的ダメージは計りしれない大きさであり，社会の側も非行，家庭崩壊，犯罪などの多発によって悩

図表 8-6　NPO の就業者

分　野	就業者数 （人）	構成比 （%）	年成長率 (1990～95) （%）	就業者数 （ボランティア含む） （人）	構成比 （ボランティア含む） （%）
文　化	66,287	3.1	−0.1	156,086	5.5
教育・研究	480,920	22.5	1.5	523,571	18.5
医　療	1,008,599	47.1	7.7	1,058,498	37.3
社会サービス	355,881	16.6	4.9	490,646	17.3
環　境	8,341	0.4	26.1	19,281	0.7
コミュニティ開発	6,348	0.3	7.5	52,723	1.9
アドボカシー	3,801	0.2	0.0	14,204	0.5
フィランソロピー	4,362	0.2	17.5	29,999	1.1
国　際	7,693	0.4	10.9	45,478	1.6
宗　教	147,914	—	0.2	303,081	—
専門組織・労組	106,699	5.0	1.6	141,799	5.0
その他	91,148	4.3	1.6	302,891	10.7
合　計	2,287,993	—	4.5	3,138,257	—
合計（宗教を除く）	2,140,079	100.0	4.8	2,835,176	100.0

出所）山内直人編『NPO データブック』有斐閣，1999 年

まされ，こういった人心の荒廃によって国の教育や文化は大きな打撃を受けることになる。したがって雇用創出への取り組みは，どの国にとっても重要な政策課題となる。

　そのための施策として，先に紹介したリフキンは2つの選択肢をかかげる。ワークシェアリングと第3部門の活性化とが，社会的施策として取り組まれる必要があるというわけである。すでにオランダ，イギリス，デンマーク等の諸国では国家施策として取り組まれている。しかし労働の終焉や大失業時代の到来ということになれば，個々人の働き方も革新を迫られ，場合によったら職業概念の見直しすら要請されてくるかもしれない。

(1) 活性化する非営利セクター

　社会的活動領域としては，これまでは政府ないしは行政の活動舞台である公

共部門（第一セクター）と，営利を目的とする企業等の活動舞台として認識されてきた民間部門（第二セクター）が中心的存在とされた。したがって社会的活動組織も，公共組織と民間組織とに大別して論じられてきたが，公と私というこの2つの社会的活動主体のあいだに，実はどちらにも属さない多数の組織が存在することが，近年になって強く認識されるようになった。教育，宗教，医療，福祉等にかかわる民間の法人団体，労働組合，農民団体，生活協同組合，経済団体，そして多彩な市民活動組織などである。

こういった組織や団体は，先進国と開発途上国をとわず1980年代以降においてその数を急増させたが，アメリカは1歩先をいっている。トフラー（Tofller, A.）は1980年の著作で，企業とかかわりをもつ諸団体として，学校・大学が9万以上，教会が33万，何千という支部をもつ全国的な団体が1万3,000，そのうえ地域レベルの環境団体，社会団体，宗教団体，体育団体，政治団体，人種グループ，文化グループなどが数え切れないほどあると指摘した（邦訳『第三の波』）。

リフキンは1980年代後半の報告書によって，アメリカの場合，第3部門は総収入においても雇用者数においても政府部門の半分程度と分析している。また1990年代初頭で，イギリスの場合はボランティア組織の総収入はGNPの4％に相当し，フランスの場合は第3部門の雇用が全体の6％をこえ，ドイツでは1987年の有給雇用総数に占める非営利部門の割合は4.3％であると伝えている。

跡田直澄は日本の場合について，1989年度において非営利組織数は8万6,067，雇用者数（有給専従職員）は144万人であり，日本経済の全体に占める割合は雇用者数で2.35％，経常支出で5.96％となると推計している。また山内直人は，1995年について，非営利セクターに働く人はフルタイム労働者に換算して214万人，政府部門（中央，地方，公営企業を含む）就業者の40％相当。経常支出は22兆円でGNPの4.5％，ボランティア労働力の分を含めると4.9％相当と推計している。

現代社会では企業の社会的地位が高まり，雇用吸収力という面でも，民間営利部門の比重は圧倒的だった。第2次世界大戦後についていえば，先進諸国において就業といえば会社に職を求めるのが常態であった。しかしながら，いまだ割合からすると小さいが，NPOに代表される第三セクターでの雇用が着実に増加してきているわけである。IT革命とグローバリゼーションの進行につれて大企業が雇用削減に走り，社員からみると会社が安心職場とはいえなくなった事態とも関連するであろう。

1994年にサンプソン（Sampson, E.）は，『カンパニーマンの終焉』を書いた。カンパニーマンの社会史として書いたというが，「自分の人生をつくづく考えてしまう。ひたすら会社のためを思って，競争相手を出し抜くことに一生を捧げてしまったのではないか」という思いが募って，組織人間としての働き方に拒否反応をもつ人びとが増えれば，カンパニーマンの終焉も何時の日にか現実のものにならないとはいえない。

(2) 社会は働き手を求めている

リフキンは労働の終焉を見通すが，さてどうであろうか。社会はこれまで以上の仕事量を必要としており，それに従事する多くの働き手を求めているのではないだろうか。

いま日本の社会は，いろいろな分野で多くの困難な問題をかかえている。それは日本にかぎらず，世界中のすべての国々においても同様であろう。手厚い福祉や介護，医療や保健の充実，青少年の教育，環境保全，人権侵害や弱者暴力の排除，国際協力，バリアフリーのまちづくりなどなど，社会的な課題は山積している。それら問題の解決と課題の達成には，金と知恵もさりながら，膨大な労働を必要とする。高齢化の急速な進行とともに，必要とされる労働力はうなぎ上りに増えていくであろう。

しかも求められるのは，心のこもった労働であり，そのことに誠心誠意取り組む良質の人材である。ところがその労働には，金銭的見返りがあまり期待で

きない。しかしながら「社会的・倫理的に価値のある」（杉村, 1997），文字どおり「社会的に必要とされる」（内橋, 1997）という意味合いからすると，求められるのは「良い仕事」をする「良い仕事人」である。単なる労働でもなければ，また対価に見合う経済的報酬が伴わない点からすると，職業の概念にもまたなじまない労働である。

「そういった」仕事は，これまでは多くがボランティアとしてなされてきた。内橋によると，いま日本でもおびただしい数の市民事業，生活協同組合，労働者協同組合，NPO（非営利組織），NGO（非政府組織）などの共生セクターが，利潤動機や経済的価値の追求をこえた「もう一つの行動原理」のもとに，そういった労働の新しい供給主体になりつつあるという。1999年に施行されたNPO法によって，それら共生セクターに自治体から助成金が公布されるから，そういった「仕事」が無償の行為ではなくなりつつある。生計を維持するに足る報酬が伴わないと職業とはいいにくいが，今後「社会的に必要とされる」「良い仕事」がますます増えていくことは明白である。

そういった仕事が「報酬を伴う仕事」になれば職業となるわけであるが，NPO職員やボランティアへの経済的給付に関連して，リフキンはつぎのような措置を提唱する。

第1には，所定のボランティア活動時間に応じて個々人の所得税を控除する（「影の賃金」と命名されている）。

第2には，多数の生活困窮者に，第三セクターで仕事をする見返りとして，福祉手当てに代わる「社会的賃金」を給付する（こうした人びとの求職活動を援助し，職業訓練を行うような非営利組織への助成も不可欠）。

第3には，市場価値を失った技能労働者，管理職，専門職を第三セクターにシフトして賃金保証をする趣旨から「社会所得」の発想を導入する。

こういった施策を推進するには財源の調達が不可欠となるが，それに関するリフキンの具体的提案の第1は企業助成の全廃である。たとえば1993年に，アメリカ連邦政府は多国籍企業へ1,040億ドル超を，農林関連企業に292億ド

ルを補助している。第2は防衛費の削減，第3は煩雑な福祉行政のスリム化，そして第4は新しい税制の導入であるが，それに関する最も公平かつ効果的な方法は非生活必需物質やサービスへの付加価値税の課税だとしている。

　直前で，いく度か「そういった仕事」と表現した。この辺で，その意味することを，改めて整理しておこう。仕事というのは，心身のエネルギーを，有意義なことに向け，目的をもって消費しているという点から，単なる労働とは区分される。「そういった仕事」は，「社会的・倫理的に価値がある」「社会的に必要とされる」という意味において，目的をもっており，それゆえに有意義である。仕事は，報酬とセットになると職業となるが，「そういった仕事」は経済的報酬を得ることを，目的にはしていない。経済的報酬がついてくる，あるいは伴うということはある。だが，生活していくのに必要な費用を，それで稼ぎ出すことが構成要件となるわけではない。ただし，その活動に伴う費用程度は，社会的にまかなわれることになるだろう。命名するほどの力量はもちあわせないが，「社会的仕事」ないし「ニューワーク」としておこう。

　職業的世界は，21世紀を迎えて大きく変動していくだろう。社会も個人もそのダイナミズムをみすえ，長期的な視点からの思い切った頭の切り替えを要請されている。

第9章
ライフキャリアとワークキャリア

はじめに

　バブル経済とその崩壊を経験して，日本の社会構造は揺れうごき，日本人の価値観にも変化が生じた。人びとは多くのものを失う中で他力依存から自助努力への方向転換をめざし，生き方と働き方を変えようとしている。

　生き方と働き方を考察の対象にすえるさい，キャリアの概念は説得力がある。日本でこれまで使われてきたキャリア概念は狭隘にすぎたが，今日アメリカでは，キャリアを生き方そのものとして捉え，その重要な活動要素に職業や仕事があるという捉えかたをしている。その典型はスーパーやハンセンにみられるが，キャリアということばを通して，われわれは豊かな生き方とは何かを考え，充実した人生をめざしてわれわれは何をしたらよいかを展望することになる。

　人生行路はただ1つというわけでもなければ，既定のコースがあらかじめ敷設されているわけでもない。キャリア開発を通じて新しいコースを切り開けば，人生はそれだけ豊かになるだろう。キャリアが新しく追加され，キャリア転換が図られ，それだけライフキャリアが充実していくことになる。

　職業人に問われるのは，人生と職業の関係をキャリア開発の視点からつねに見直すことである。至る所青山ありといわれるが，ナンシー・シュロスバーグ女史は，人生は転機の連続であると発言している。人びとのキャリア形成はその転機とどう向き合うかによって規定されるが，そのために4つのSを点検することが必要だとシュロスバーグは述べている。この章は，こういったことを考えるよき機会となるだろう。

1. 生き方／働き方

　時代の転換期には，決まって人生どう生きるかがテーマになる。21世紀を迎える局面の中で，老齢者も若者も，そして中高年はいっそうのことであるが，日本人は迷路に入った感がある。90年代は「失われた10年」といわれ，「失政の15年」に追い討ちをかけられて，営々と築いてきた資産をたくさん失った。金融資産は目減りし，職業と職場を失い，収入を減らし，倒産や経営破綻によって設備が廃棄され，就業の機会を減少させ，整備されるべき社会的インフラストラクチャーを失い，自殺者の急増で多くの人命が失われた。教室が荒れ，人びとの公徳心が低下し，ストレス障害に悩む人が増加したことなどもまた，失われた資産と数えられる。

　なかでも，多くの人びとが自らの人生と生活の先行きに対して希望と展望をもてなくなったのは，失われし最大のものであろう。財政破綻等によって年金や退職金の受給が危ぶまれ，社会保障給付や医療費もカットされかねない状況の中で，国民の多くは政治や企業への不信をあらわにしつつも，生き方のギヤチェンジを図っている。他力依存から自助努力への方向転換を通して，生き方と働き方を変えようというわけである。

(1) 生き方への関心

　一度限りの人生だから悔いのないように，という言い方がよくされる。「悔いのないように生きたい」ということであろうし，「悔いのないように生きなさい」ということでもあろう。後者については，「生きるべきである」「生きて当然である」「生きなければ意味がない」といったような言い方もありうる。いずれにしてもこう対比をしたとき，これまでは「生きたい」は少なく「生きなさい」の方が圧倒的に多かったようである。生き方の問題は，もっぱら人生論として存在しており，いわば勧告や説諭としての性格をもっていた。

　ところが近年，その様相は大きく変わってきた。人生をどう生きるかは自分

の問題であり，人生論を読んで済ませることがらではない。受け身の姿勢からは豊かな人生を自分の手にすることができないという認識が一般的となり，「生きる」という発想が重視されるようになっている。生き方の問題が多くの人びとにとって大きな関心事になっているということであろう。

戦後50年間，紆余曲折はあったものの，日本の経済は右肩あがりに成長し，社会的な安定が確保されてきた。人びとの生き方としても，よく勉強して上級学校へ進学し，優良企業に就職して真面目に勤めあげ，相応の役職をえてめでたく定年退職するという人生行路がしっかり敷かれてきた。そういったコースを確実にたどることが，つまり「人生に悔いなし」ということであったから，あらためて生き方を考える必要などなかったようである。

仮に人生設計やライフプランニングということがテーマになったとすれば，それは第1にどんな学校に進学し，どんな会社に就職し，どんなポストを射止めるかに関する設計でありプランニングであった。そして第2は，定年後における資金計画であって，退職金や年金や貯金をどう運用管理していくかに関する設計であり，プランニングであった。しかしながら，1990年代以降に関心を集めている生き方というのは，より広がりをもったものであり，人間の生き方に関してもっと本質的な要素を含んだものである。

あらためて整理をしてみれば，広く人びとのあいだで生き方の見直し熱が高まるようになったのには，つぎのような2つの要因が相互にからみあって存在していると理解される。

1つは，先に説明した通り，人生行路が今や確たるものではなくなったということ。それはとくに就職してから定年までの道筋において明白であり，いったん就社すれば定年まで雇用されるという保証はなくなり，順序をおって昇進することも，給与が毎年確実にあがるわけでもない。そのうえ会社によっては，基金の積み立て不足で退職金や年金が減額支給されかねない事態にまでなっている。線路がはっきりせず，運転手もいなくなりそうな列車に，他人任せで乗り続けるわけにはいかない。いわば会社は頼れなくなった，人生を会社に託し

たままでは済まされなくなったと多くの人が思うようなった。

　もう1つは，会社に就職し，組織人として定年まで仕事に精を出すことだけが人生なのだろうかという思いを，多くの人びとが心に抱くようになったことである。新聞に掲載されるつぎのようなメッセージ，たとえば「ああ，人生悠々。夏はカナダ，冬はオセアニアに住む快適生活。ゴルフ，釣り，ジャズ，旅行，読書を堪能する日々。多面的に自己実現を成しとげた男のやり方。好きに生きてこそ人生だ」といったメッセージに触れて，自分の生き方の狭量さを思い知らされるサラリーマンも多いだろう。発刊3ヶ月で8刷が書店に並んだというから，稀な例とはいえ関心をもたれた点は間違いないだろう。

　この隣には大平光代『だから，あなたも　生き抜いて』の広告が掲載されているが，こちらは2月に発売となったが8月には15刷を数える売れゆき。「中学二年のとき，いじめを苦に自殺をはかり，かろうじて一命をとりとめる。その後，非行に走り，極道の世界に身を置くまでになる。そして，現在のすばらしい養父と出会い，猛勉強の末，司法試験に合格。いま，非行少年の更正につくしている。凄絶の半世紀」というメッセージにふれて，中途半端ではない生き方，起伏に富んだ生き方，出直しの効く生き方の存在に思いが及び，そもそも生き方とは何かと思案する人びとは多いことだろう。

(2) 主体的な生き方

　いかに外的な影響に目配りし，環境の変化を洞察できても，人生や職業を本人がコントロールするには限度がある。しかし思い通りにはならないからといって成り行きに任せて済ませるのでは，人生に責任をもったことにはならない。人生への主体的な努力は不可避である。

　自分の人生やキャリアに責任をもつには，まず人生ビジョンを描くことが不可欠である。ついで描いたビジョンの実現にむけて施策をめぐらし，行動を起こすことが不可避であるが，そのためには資源の調達とその効果的な配分と投入とが必要となる。資源の中では，能力的資源ならびに関係的資源が重要であ

る。能力的資源とは主として職業的能力にかかわる知識と技術であり，これはもっぱら学習と訓練を通じて獲得することになる。関係的資源とは主として人的ネットワークをさし，関係者との密なる相互作用と交流を通じて得られる情報と支援のことである。いずれにしても主体的な生き方とは，自分の人生には自己責任原則でのぞむという意味である。

中村修二は2000年2月19日付でカリフォルニア大学サンタバーバラ校に新任教授として着任したが，前年の12月までは徳島の中小企業に勤めるサラリーマン技術者であった。世界規模の研究センターや大企業の研究チームがいくら頑張っても開発することができなかった青色LEDやレーザーダイオードを，独自の方法で作り上げてしまった。生涯研究の地にアメリカの大学を選び，それを土台にしてさらに大きく羽ばたこうとしているが，いまノーベル賞に一番近い日本人といわれている（The Gold, 2000年7月号）。

ここへ来るまでの道のりは，しかしながら平坦ではなかった。研究費や実験設備がいき届かない，しかも「売れるものを作らないで，無駄飯を食っている」という中傷が聞こえる環境の中で，ヤケになって開き直るところまで追いつめられる状況もあった。中村の特徴は，自分の人生には自己責任原則をもってのぞみ，人生にたいして主体的にアプローチしたという点にみいだせる。要するに「自分なりの世界観を築き，有意義に人生を生きようとする主体人間」であったということである。

ここで主体性とは，つぎのような3つの要素が確立された人間の状態である。

A　人生享受の姿勢：人生への抱負をいだき，自分の人生を大いにエンジョイしようという生きることへの前向きな態度

B　生存意義の探究：生きることの意味を追求し，自らの使命や役割をそこにみいだすという姿勢

C　個性の発揮：自分なりの世界観と健全な思想をもち，固有の存在性を確立しようとする傾性

そもそも主体という概念は，個人の主体的な思考と行動を回復しようという

自己主張とからみあって提起され、"近代市民的個我"の確立を課題として登場した概念である。英語でいえば subject であるが、これには主観、自我、実体という語意のほか、「主語」という意味がある。日本語は主語を欠いている場合が多く、行為の主体や責任の所在が不明瞭になっているとよくいわれる。誰が、どんな目的のために、何をするのか。これからの日本社会においては、これをはっきりさせることが不可欠であり、人は主語のある日本語を使うようにすることが必要なのである。

こういう人びとこそ、文字通り「個意識にめざめた人間」といってよいだろう。

2. キャリアの概念

生き方を論ずるとは人生に関して哲学することであり、生きることへのビジョンやミッション、人生に関する理念や思想が重要なテーマとなる。個々人の生き方にそくしていえば、こういったものをしっかり身に付けていない生き方は、根無し草のように不安定なものになる。しかしながら人生はまた実践であり、夢想ではなくして現実である。生きるとはまずもって生活をすることであり、行動することだからである。

したがって生き方を論ずるにあたっては、観念論に終始することなく、あわせて人生に関する客観的な視点が必要である。人生とは何かを実証的に解析し、生き方のメカニズムを論理的に解明することが不可避である。つまり、生きるとは人間のどんな生活行動であり、人間のどんな意識が生き方を現実のものにしているかを明らかにする必要がある。そう考えるとき、人生や生き方を「キャリア」の概念で把握しようとするアメリカ流の生き方論は説得力があり、有意義にして有力である。

(1) キャリア概念の有用性

キャリアという用語に相当する捉えかたや概念が、わが国にはない。そこで

英語のキャリア（career）をそのまま使うことになるが，浜口恵俊によると，ラテン語の「競走路」が語源であるという。しかし19世紀中頃からは職業上の前進，あるいは職業それ自体の意味となり，さらには一個人の生活の向上をもさすようになったという。

日本では，「個人が職業上たどっていく経歴」（近藤）というように，職業や仕事とかかわらせた使い方が一般的である。「職業的人生」（稲上）や「職業的経歴」（浜口）などもそういった使い方の例であるが，アメリカでも当初はそのようであった。しかし近年では，人びとの生き方の全体を視野に収め，一個人の生活の向上といった意味あいで使われるようになっている。つまり，work career から life career へということである。職業生活がその中心に位置づけられたキャリアが前者，生活の全領域を対象にし人生の全体を組込んだキャリアが後者と説明したらよいだろうか。

なお浜口は，個々人の生涯経歴をパーソナル・キャリア，対人関係の側から浮き彫りにされた経歴をソーシャル・キャリア（社会的経歴）というように表現している。浜口からみると，個人の生き方や経歴は対人関係や対人的脈絡を通して形成される点からして，キャリアとは基本的に社会的経歴とみなされることになる。一口でキャリアといっても，子細にみれば，その概念はこのように多様である。

翻って，人生や生き方はキャリアの概念で把握するときなぜ有意義なのか。

それは第1に，生き方が人間の行動にそくして具体的に捉えられ，地位がもたらす役割行動を通して内容的に語られているからである。詳しくは後に述べるが，同時に家庭人，地域人，組織人である1個の人間として，われわれは人生の中で，学習をし，仕事をし，ボランティア活動をし，人を愛するといった役割を要請される。キャリアを構成するのは，そういった役割の1つひとつであり，それらをどう遂行するかを通して人びとはそれぞれにキャリアを形成していくというのがキャリア論のエッセンスである。したがって人びとの生き方や人生は，生きていくうえで不可欠な活動，機能，役割の概念を通して検討さ

れ，そのゆえに文字どおり実証的なテーマとなっており，観念的な生き方論や人生訓で終わっていない。

第2にキャリア論は，生き方に関する方法論をもっているということである。冒頭の部分で，「一度限りの人生だから悔いのないように」というメッセージのことにふれたが，悔いのないようにするにはどうするかに関する一定の処方箋を，キャリア論はもっている。また「人生には山あり谷あり」というメッセージも存在するが，そこでいう山や谷を分析し，診断するための用具をキャリア論はもっている。分析や診断のための用具をもち，処方箋を書いて示せるということは，生き方を論ずるうえで有意義であり有力である。

もっともアメリカのキャリア論は，そしてまたその流れの中で展開されている日本のキャリア論は万全かと問われれば回答に窮する。性格テストやカウンセリング療法など心理学的アプローチに力点があり，精緻な理論に依拠しているとはいえ，社会構造論的な視点を欠いている。

(2) 狭隘なキャリア概念を糾す

わが国では，キャリアとは生き方や経歴の中での仕事のあり方や職業の有り様にポイントがおかれた用語法となっている。それなりの背景があってそうなっているのであろうし，そうすることの意義もまたあるだろう。後述するように最近では新しい捉えかたも散見されるようになっているが，従来からのキャリア概念には狭隘な要素がある。

たとえばキャリア・ウーマンといういい方があるが，これは働く女性のことをさし，古い時代には職業婦人などともいわれた。専門的職業に就いていて，かつ大いに能力を発揮している職業婦人に限ったいい方でもあった。現存する大阪キャリアクラブというのは，女性の企業家・起業家の会員組織のことであり，優れた職業的業績をのこした人たちのクラブである。

バブル経済が崩壊した後キャリアアップ・セミナーというのが繁盛しているが，女性を対象にしたあるプログラムに目をやると，パソコン操作，簿記2級，

日本語・漢字，英会話など仕事のスキルアップに資する講座が中心である。どういうわけか，キャリアアップ・セミナーというと女性を対象にしたものが多いのだが，ある日の新聞に目を止めると，「キャリアアップお役立ち体験セミナー」と称して，ガーデンデザイナー，カラーコーディネーター，商空間クリエイター，ファイナンシャル・プランナーなどなどカタカナの職業が10ほどリストアップされていた。

　キャリア概念の狭隘さを象徴しているのは，中央官庁における"キャリア組"という用法である。国家公務員試験のⅠ種に合格して入省し，20代で税務署長や警察署長を経験し，本省の課長，局長とポストを昇り詰めていく，いわゆる出世組の公務員のことである。この場合にキャリアは「職業上の前進」において最高位にある，あるいは最高位に位置することが嘱望されているという意味で使われていると理解される。

　またキャリアデベロップメントの概念は，1960年代に日本の企業社会で大いに関心をもたれたことがある。経理や人事の職務に従事するだけでは，製造や営業など他部門の仕事が分からず，会社人間としての役割はこなせない。いずれはスペシャリストとして働いてもらうにしても，入社10年ぐらいまでは異なる3部門ほどを経験させ，職務能力に磨きをかけてもらうという観点からである。経歴管理ないし職歴管理という名の人事施策であるが，そのさい管理の対象になったのは1企業内での職歴である。

　永井裕久は，キャリアには大きく分けて，①専門的な職業，②個人が経験する組織内の職務内容，地位等の変化，③個人が経験する社会的な役割や身分という3つの意味があるとしたうえで，一般的には②に焦点があてられ，職業生活との関連で捉えられることが多いと解説している。

　このように日常的世界や企業社会で使われている例から推量すると，キャリアとは業務や仕事であり，地位やポストであり，組織内の職種や職務の経歴であったりする。そういった解釈が補正され，近年のアメリカ流キャリア概念からの学習がないと，キャリアアップやキャリアデベロップメントといい，キャ

リアガイダンスやキャリアカウンセリングやキャリアサポートといっても，成果は期待うすである。

3. キャリアの開発

生き方は，基本的には本人の選択にかかわっている。家業の世襲にみられるように，本人の主体性を発揮する余地が残されていないケースはあるだろう。その場合でも，1つだけはっきりしていることがある。本人が納得することなく選んだ人生の進路は，間違いなく不幸な結末になるだろうということである。進路は，基本的には自らの責任において，自らが切り開いていくべき性格のものだからである。

人生は経歴の積み重ねとして築かれていく。経歴は1人ひとりの，人生における業績であり足跡である。どんなことにどう取り組み，どのような結果を残したか，その連鎖ないしは構造連関がキャリアである。仕事，役割，学習のいずれであれ，キャリアとは自分が築いたものであり，そのゆえに本人の責任に帰属すべきものである。

(1) キャリアの多彩な用法

それにしても近年，キャリアということばは巷に氾濫している。企業のリエンジニアリング（IT化），リーンマネジメント，ダウンサイジングなどによる雇用の削減，大企業の倒産とリストラ（レイオフ）等によって，定年までの1社就業という日本の経営神話は崩壊した。転社や転職はいまや普通の出来事になったが，一方で雇用機会の減少や損失が進行しそれ自体が日本社会にとって大問題となっている。1999年の完全失業率は4.7％と記録を更新し，新規求人倍率や大学生の就職内定率も最悪記録を続けるような状況である。転社や転職は，それをめざしても実現はたやすいことではない。

かくして新聞や雑誌など多くのマスメディアは，一方で雇用創出への政府の努力を要望しつつ，個人に対して職業能力向上に向けた自助努力を要請する。

専門技量を身につけることが不可欠であり，資格を取得することが必要だというメッセージを送る。社会において雇用の創出が大きな課題になるのに呼応して，個人の生き方に関するテーマとして，キャリアアップやキャリアデベロップメントがクローズアップされることになった。

　キャリアアップやキャリアデベロップメントをめざすのは就職や転職を希望する個々人であるが，そういった個人に勧誘をかけ，そのための機会を提供する事業体が90年代に入って急増している。通信教育や講座やセミナーを開設し，それと資格取得をセットにするのがオーソドックスな事業形態であるが，生涯学習のための教育機関として従来から存在したものに加え，就職や転職を紹介し斡旋する多くの事業体が新規に参入した。就職や転職の紹介・斡旋それ自体が事業として大きな成長をとげており，個人にキャリアアップやキャリアデベロップメントの機会を提供する事業体は膨大な数に達する。そういった機関や組織が，雑誌や新聞等のメディアに紹介広告を大きく載せるのであるから，巷にキャリアということばが氾濫するのは当然なことである。

　キャリアアップやキャリアデベロップメントとは，要するにキャリアをブラッシュアップすることであり，現にキャリアブラッシュアップを社名にした人材会社もある。職歴や経歴に磨きをかけ，職歴や経歴をリニューアルしリフレッシュするのがキャリアブラッシュアップであろう。生涯学習の分野においてリカレント教育という専門用語が使われている。社会の急激な変化，急速な技術革新，平均寿命の延長などを背景にして，「人々がこれまでに習得した知識・技術の陳腐化を防ぎ，労働の機会，能力発揮の機会を保障し，もって自己実現，豊かな人生を過ごせるように」する趣旨から発想された。カレントとは今日的である，通用しているという意味であるから，リカレントは今日的であり続ける，現に通用するようにするということ。キャリアについてもリカレントは必要なことであり，そうすることがキャリアブラッシュアップであり，職歴や経歴をリニューアルしリフレッシュすることになる。

　キャリアデベロップメントは，日本でもアメリカでも，組織内での職歴につ

いても適用されている。しかしながら，いま問われているキャリアデベロップメントは広く世界までを視野に入れた，労働市場一般において通用する職歴を開発することであり，また人生における経歴開発のことである。労働市場において転職が一般化し，個々人にとっても転職力を向上させることが人生の大きな課題となり，いまや世界に仕事を求めようという時代になっている。企業人事施策の一環に位置づけられる場合，こんにちキャリアデベロップメントはそういった意味あいから重視されるようになっている点に留意する必要がある。

　しかしわが国でも，近年になって，キャリアの意味に奥行きをもたせた捉えかたが登場してきている。今野能志は，キャリアとは「全人生の中で仕事を中心にした部分であるから，仕事人生あるいは職業人生，すなわちワーキングライフと言ってもよいであろう」と述べている。生涯職業人生（アビリティガーデンの研究報告書）という捉えかたもこれに近いが，堀義人は「広義には，個人が人生において仕事を通して，自己を実現することである」と明言している。また渡辺三枝子は，「キャリアには，人が生きていくうえで大切にしている[work]をすべて含む」と説明している。もともとworkは意味深長な用語であるが，職業としての仕事のみならず，ホームワークとしての育児や家事や介護，ボランティアとしての福祉活動や国際教育，そして本人のライフワークなどを含むものとして理解しておきたい。

(2) 生き方としてのキャリア

　ことばの論議にスペースをとりすぎたが，こうもキャリアということばにこだわるのは，これからの生き方と働き方を考えていくうえで，キャリア概念は有意義だと認識されるからである。ことばの詮索自体はけっして目的ではない。良いことばは，思索のための良い機会を提供してくれるはずである。

　では，キャリアということばを通して，われわれは何を考え，何を展望することになるのか。豊かな人生とは何かを考え，充実した人生をめざしてわれわれは何をしたらよいかを展望することである。キャリアということばは，われ

第9章 ライフキャリアとワークキャリア　　*191*

::: 図表9-1　Super's Life Career Rainbow :::

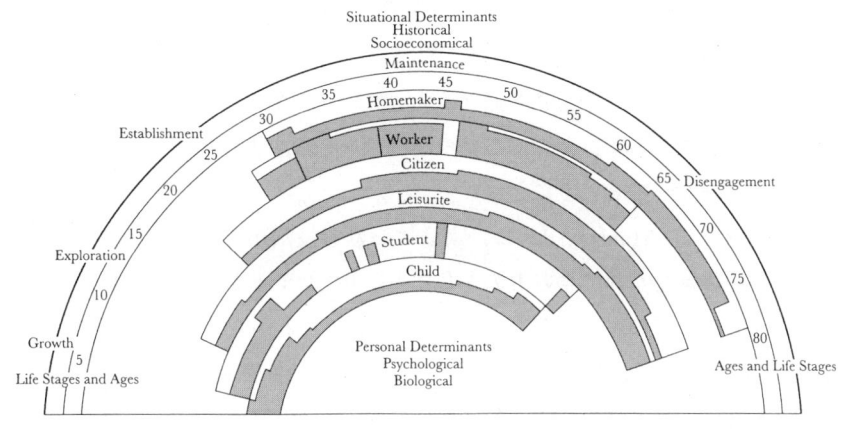

Situational Determinants
Historical
Socioeconomical
Maintenance
Homemaker
Establishment
Worker
Citizen
Leisurite
Exploration
Student
Child
Growth
Personal Determinants
Psychological
Biological
Life Stages and Ages　　　　　　　　　　　　　　Ages and Life Stages
Disengagement

出所）D. E. Super, M. Savickas, and S. C. Super, "Life-Span, Life-Space Approach to Careers," in D. Brown, L. Brooks, and Associates (eds.), *Career Choice and Development*. (3rd ed.). Hansen, L. S. (1997) による。

われが豊かな人生について考え，充実した生き方を展望するうえで，有力な概念的枠組みを提供してくれるはずである。キャリアアップやキャリアデベロップメントとは，それ自体われわれにとって有意義であるが，それは豊かな人生を実現していくうえでの過程のことである。現にわれわれがめざすのは，豊かな人生，有意義で充実した人生の実現である。そういったことをあれこれ思案するさい，キャリアの概念は有力な示唆を与えてくれるはずである。

　ただし，実際にそうなるためには前提となる条件が1つある。それはアメリカで発展進化したキャリア概念から一定の学習をし，近代的なキャリア概念にもとづいて思考し，発想する必要があるということである。

　スーパーは1980年の論考で，生涯を通じて人には8つの役割があると述べている。子ども（息子ないし娘），学生（学ぶ人），仕事（職業）人，配偶者，家事遂行（ホームメーカー），親，余暇を楽しむ人（leisuerite），市民というのがそれであり，「ライフ・キャリア・レインボー」と名づけられた（図表9-1参照）。いわば人生行路（ライフキャリア）に懸かった虹というわけであるが，

年齢的には，子どもとしての役割が0歳から60歳頃まで，職業（仕事）人としての役割が18歳ごろ65歳頃まで，余暇を楽しむのは18歳頃から死ぬまでとされている。なお図表9-1では，配偶者ならびに親としての役割が抜けている。それらは役割は全員に共通とはいえないからであろう。いずれにしても，われわれは生きていくうえでいろいろな役割をこなすよう要請されているが，その総体がキャリアということになる。

またハンセン（Hansen, S.）は，家庭における役割から社会における役割まで，人生の役割をすべて含むものとしてキャリアという概念を提起した。そういったものとしてのキャリアを構成する人生の役割（life roles）として，ハンセンは労働（labor），愛（love），学習（learning），余暇（leisure）という4つの活動をリストアップした。人生においてキーとなるこれら4つの役割（ないし行為）にそれぞれどう取りくみ，相互にどうバランスをとり，全体としてどんな生き方をしたか。労働（仕事），愛，学習，余暇という4つの役割から捉えた生き方や生きざまを，ハンセンはキャリア概念の根底にすえた。

しかしハンセンの主題は，キャリアの概念そのものではない。生き方としてのキャリアが人びとの人生にとってもつ意味，ならびに社会にとってもつ意義を強調する。個人のキャリア形成やキャリア開発を，地域社会のニーズや地球社会の発展を視野に入れ，それと統合させようとする視点は，キャリア論として新鮮であり卓見であり，独自性にみちている。ハンセンが提唱するのは「統合的人生設計（Integrative Life Planning＝ILP）」の概念である。

ハンセンが大事にするのは全体性や総合性であり，労働（仕事）・愛・学習・余暇もまた人生の活動として統合されることになる。労働から開放された時間が余暇であるといったような，労働と余暇を峻別する考え方には早くから疑問が提示されている。また生涯学習という用語の登場につれて，学習と余暇とはカテゴリーとして同一化されはじめた。愛を欠いては，労働も学習も余暇も未消化で味けのないもので終わる点は，われわれが日常的に経験している。したがって仕事や職業は，キャリアという概念にそくして考察するなら，生活

や人生の中でそれだけが切り離された特別なものではない点が確認できる。

　レインボーをみて美しいと思わない人はいないだろう。ただしレインボーは，所詮は夢の架け橋であり，そうしばしば目にすることはできないと多くの人は思う。愛も学習も余暇も，仕事と同じように大事だと頭の中では考えつつも，多くの日本のビジネスマンにとって生活の中心に布置されているのは仕事。いや人生さえも，すべて仕事で埋め尽くされかねない。少なくともこれまではそうであり，7色の輝きというわけにはいかなかった。ワーカホリックや過労死という現象が社会問題となり，会社人間，組織人間，仕事人間ということばで日本のビジネスマンが形容されることに，そのことはよく表われている。いわば「一色刷り」の人生になっているということであるが，そのことに，当事者自身どれほど気づいているであろうか。

4. ライフプランニング

　キャリアということばを通して，われわれは豊かな人生とは何かを考え，充実した人生をめざして何をしたらよいかを展望しようとしている。本書を通じてわれわれは職業の意義や職業の概念について勉強してきたが，それも豊かな人生について考え，充実した生き方を展望するという視点からである。

　職業能力を高め，キャリアアップやキャリアブラッシュアップを実現していくことは，それ自体が十分に有意義である。だが，めざすは豊かな人生，有意義で充実した生き方の実現である。言い方をかえれば，職業能力の向上やキャリアアップなしの人生は，けっして豊かでも充実しているともいえない。本書が解き明かそうとしているのは人生と職業との関連であり，生活と仕事との連動であるが，その際キャリアの概念は有力な示唆を与えてくれる。

(1) 生き方の幅と奥行き

　先に日本で使われてきたキャリア概念が狭隘である点に言及したが，いっそう気になるのは，職業人生としてのキャリアの中身と内容それ自体がすこぶる

狭隘だという社会的現実である。そもそも日本でキャリア概念が狭隘なのは，職業活動や職業生活の現実そのものがきわめて狭隘なためではないのだろうか。その現実が改善されることへの願をもこめて，ここでその狭隘さ加減に言及しておきたい。

キャリアの現実が狭隘であるとは，一言でいえば，生活や人生が仕事や職務とだけ関係づけられているということである。しかも，そこでの仕事や職務は勤務する会社が必要とし，所属している組織から課せられたものである。職業活動の遂行とは，つまりは会社の業務をこなし，組織の目標達成に従事することである。したがって職業人としての資質ということになると，問われるのは業務に関する知識とスキルが十分あるか，めざす成果を確実に達成できているかどうか，勤務態度は良いかどうかということ。良好な市民であるか，良識ある教養人であるか，良き父親であるか，愛される地域人であるかといった点については，ほとんど問われることがない。

さらにいえば，よい趣味をもっているか，ボランティア活動をしているか，たゆまず学習を続けているか，職業的仕事の他にライフワークをもっているかといったことは，視野の中に入ってこない。いわゆる会社人間，組織人間に徹しているかどうかが問われ，会社の業務をこなす力量，職場の問題を解決し，部門目標を達成したかどうかが人物評価の基準になっているという点である。期待される職業的経歴や職業人生とは，もともと，このように狭いものなのか。職業的生き方として，これではあまりに偏っていないだろうか。

このことはビジネスマンにかぎるわけではなく，日本人の一般がそうなっていると理解される。つまり日本の多くの人びとは，図表9－2のような質問が投げかけられたら，どう回答してよいか困惑するのではないだろうか（＋2，＋1，0，－1，－2の5段階チェック）。

実は同じような調査が，全国に事業所をもつある大企業の社員を対象に行われたことがある。バブル経済時代のことだから忙しく仕事に追われていたという事情もあったろうが，結果は何とも惨憺たるものであった。多くの社員は，

図表9-2　プライベートタイムのライフスタイル

ア．子どもとの対話，一家だんらんを通して家族は親密な関係にあり，家庭生活は安定している
イ．贅沢品は別として，家具調度品や衣服・食料品について欲しいものは充足している
ウ．スポーツをしたり散歩に出かけたり，健康づくりのための時間は十分にとっている
エ．余暇を使って趣味を育み，趣味に精を出して自分の時間を楽しんでいる
オ．時にコンサートに出かけたり，美術館に足をはこんで文化に親しむ
カ．友達や知人と交流する機会をもち，人間関係を通して多くのことを学習している
キ．地域行事やボランティア活動に顔をだすなどして，社会参加に勤めている
ク．大いに書を読み，またテレビのドキュメント番組を観て自分の教養度を高めている
ケ．講演会にでかけたり通信教育を受講したりして，自己啓発に勤めている

　これら私生活のほとんどの分野において，満足感なるものを味わってはいなかったということである（佐藤，1991）。
　完全に満足していれば＋2，まったくのところ不満であれば−2という得点の与え方であるが，全体の平均でみて得点がプラスになっているのは，なんと「家庭の安定」と「消費生活」の2つだけである。マイナスとはいいながら「健康づくり」と「趣味娯楽」は点数がそう低いわけではない。しかし「社会参加」は−0.77，「文化に親しむ」は−0.67といったまことに低い水準。「教養」（−0.36）と「自己啓発」（−0.27）の数値もまた低い。こういった数値をながめて，多くの人は，「生活からセルフがすぽっと落ちている」と感じるのでなかろうか。
　仮に現時点で実施してみたら，「家庭の安定」と「消費生活」という2つもまた，あるいはマイナス得点になっているかも知れない。サラリーマンの職業生活は，これではあまりにも偏ってはいないだろうかと疑問をいだいていたが，その思いは，キャリアに関するアメリカや欧米の文献を読み，実状を垣間見る

ことでいっそう強化されることになった。

(2) ライフキャリアとワークキャリアの統合

　職業人のこれからのあり方を展望すると，政治家，医者，弁護士，教師，実業家，料理人，プロスポーツ選手，看護婦，運転手，警察官などいずれの職業についても，たとえば専門性を発揮した働き方は社会から強く要請されてくる。職業もまた競争的局面にあり，もしそうでなければ，当事者は職を失うことになりかねない。同様な意味において，クライアントの要望に応える（顧客志向），倫理的規範を遵守する，誠心誠意勤めるなどは，働き方として差し替えのきかない項目群である。

　いっぽう個人の側からすると，自律性が発揮できる，自己実現が可能である，社会の役に立つ，ライフプランが描けるといったことが，働き方として望ましい要件であろう。ハンセンの教えを敷延すれば，人びとは仕事や職業を，豊かな人生設計と社会の発展に結びつけていくことが要請される。仮にいま就いている職業が，社会の発展に寄与する割合が少ないように思われ，また自分の成長への見返りもうすく，これからの人生にとって稔りが小さいと判明するなら，転職や再就職を視野に入れる必要性が出てくるだろう。あるいは，仮に今の仕事に全力投球する意欲がわかないとすれば，事態の改善に向けて何らかの打開策を講ずることになるわけであるが，その対応措置の1つとして，職場を変えることが視野に入ってくるだろう。

　人生行路は，その人にとってただ1つというわけではない。既定のコースがあらかじめ敷設されているわけでもない。キャリア開発を通じて新しいコースを切り開き，あるいは既定のコースを拡幅していくなら，人生はそれだけ豊かになるだろう。キャリアが新しく追加され，キャリアの転換が図られれば，それだけキャリアは充実していくことになる。

　これから職業がどう進化し変動していくのかを総括するのは難しいが，たとえば会社員としての職業については，21世紀に向けて大きな転機に立ってい

る点は明白である。すでに述べたように終身雇用慣行が崩れ，企業の雇用政策は選択と選別と選考を基調としたものへ転換してきている。ビジネスマンは会社への依存心をすてて自立（ないし個立）することが強く要請されてきているが，これは多くの職業人にとっても同じことであろう。職業人に問われるのは，何時の時代においても，人生と職業の関係をキャリア開発の視点からつねに見直すことである。

1999年度に全米キャリア開発協会会長を勤めたシュロスバーグ（Schlossberg, N.）は，人生が転機の連続であり，それを乗りこえる工夫と努力を通してキャリアが形成され開発される点を強調する。その場合に転機（transition）とは，人生において何らかの出来事に遭遇すること，あるいは予期したことが起こらずに発生した変化のことである。病気になる，事業を経営していた親が亡くなる，思い通りに昇進しないなどは，その中にあって個人的要因による転機である。産業構造が変動する，IT革命が進行する，社会保障制度が変わるなどは，そのうちで社会的要因による転機である。会社が倒産して失業する，転勤を命じられる，希望する会社に就職できない，定年を迎えるなどはその中間であろうか。

こういった転機に遭遇し，それとどう向き合い，どう対処するか。いずれにしてもキャリアは，そういったことの積み重ねとして形成され，発展していくという捉えかたをシュロスバーグはするのである。89年に*OVERWHELMED*と題する著作を世に問うたが（邦訳『「選職社会」転機を活かせ』），overwhelmとは（数や力で）圧倒する，（大波や洪水が）おおいかぶさる，人の心をくじけさせる，当惑させるといった意味である。過去形のoverwhelmedは「途方に暮れて」となるが，途方に暮れて打つ手なしということでは人生を全うすることはできない。処方箋が必要となるわけであるが，シュロスバーグが提起するのは，「4S」の点検である。situation（状況），self（自己），support（支援），strategy（戦略）を点検することが不可欠であると説く。

まず必要なのは当面する転機についての点検であり，タイミングは良いか悪

いか，どれほど自分が主体性を発揮できるか，束の間のことか永続するか，その後の人生とうまく折り合いがつくかなど，転機の特性と自分にとっての意義を検討すること。ついで自分自身がもつリソース（資源）と，周囲の支えを点検することが必要となる。自分には転機に対処しうるパワー，とくに精神的な強さはあるかどうか。そしてまた友人，家族，知人，専門家や専門機関など，周囲や外部からのサポートはどれほど期待できるかをセルフチェックすることになる。転機を乗り切るには，いずれにしてもリソースが不可欠であるが，それにはライフプランニング・アドバイザーなどの専門家やキャリアカウンセリング・オフィスなどの専門機関の援助も不可避となろう。

　そのうえで戦略の立案とその実践ということになるが，ここで大切なのは「転機を機会に転換させ」ようとする発想である。転機を活用することでキャリアは大きく幅を広げ，同時に奥行きを深めるのに役立つであろう。選職社会とは，多くの人びとが，こういった過程をふんで人生と職業の関係を主体的に見直していくような社会のことであろう。

終 章
職業文化論

はじめに

　職業には，それぞれ特性がある。個性といってもよいが，弁護士や医者や聖職者といった専門職のみならず，コック，美容師，教師，新聞記者，俳優，デザイナー，プロスポーツ選手などおよそ職業と名のつく仕事に就いている人には，それぞれの職業ごとに，独特で固有の思考・行為様式というものがある。言葉づかいや身振り，趣向やライフスタイルに特性がみいだせる。それは，一般に職業文化といわれるものである。

　そういったものとしての職業文化を研究する学問は，職業文化論といってよいだろうか。わたし自身は職業文化と職業文化論に興味をもっているが，職業社会学の中に確かな足跡を残してきているとはいえない。しかしながら，今後に向けて，大いに発展してほしいと念じている。それは，職業が人の生き方と大きくかかわるからである。

　職業文化論が取り組むべきことは，第1に，職業ごとの職業特性を，生きざまに焦点をおいてビビッドに描きだすことである。そして第2に，人の生き方の中で職業がどんな位置を占め，職業が人の生き方をどう支配しているかなど，職業と人生とがどうかかわるかを実証的に明らかにすることである。

　それというのも，豊かなライフキャリアは充実したキャリアライフに基礎づけられると展望されるからである。

　それにしても，職業文化論には研究実績の積み重ねが乏しい。ライフヒストリー研究を含めて，さまざまな事例が断片的に集積されているだけで，それらを体系化する一定の理論的枠組みが創出されているわけではない。しかしながら，キャリア論の視点を入れることで，新しい展望が開かれるのではないだろうか。

1. 思考・行為様式としての職業文化

　職業文化という用語は，社会学の領域ではいぜんから使われているし，これに関する概念や定義も存在する。しかし職業文化論となると，職業社会学のなかに確かな足跡を残してきているわけではない。つまり職業文化に研究調査のターゲットをさだめ，職業文化を論ずるということは，断片的にしかなされてきていない。

　職業文化（occupational culture）とは，一言でいえば，それぞれの職業に固有で特徴的な思考・行為様式といったほどの意味である（森岡他, 1993）。思考・行為様式という表現では内容が限定されるというなら，生き方やライフスタイルという用語を重ねてもよい。どのような職業に従事しているかによって，人びとの人生観や社会観，服装や言葉遣い，読書の仕方や余暇の過ごし方，そして職業満足そのものなどに違いがでる。かくして職業文化論は，職業ごとの職業特性が2つの側面がある点に着目する。1つは職業それ自体がもつ特性，職業生活や職業行動にみられる特性である。2つは，特定の職業に就いたがゆえに刻印される，当該職業人の生活活動の全体や生き方にみられる特性である。

　一般に人びとの思考・行為様式，そして生き方やライフスタイルが，その人の成育環境やパーソナリティによって規定される点は自明である。だが職業文化論は，加えて，就いている（あるいは就いてきた）職業が影響力をもっている点をクローズアップさせる。それがどれほどの大きさか，他の規定要因と比較してどれほど深く関与しているかについて確たることはいえない。したがって職業文化論には，こういったことの解明も取組むべきテーマとして期待されるが，いずれにしても人びとの思考・行為様式の相対的に大きな部分が，職業的要因に規定されることを暗黙の前提にしている。職人らしさ，芸術家風情，官僚タイプ，サラリーマンスタイル，産業人魂，技術者根性，政治家的やり方，スポーツマンスピリッツ，先生の（いつもの）パターンといった表現は，人びとの思考・行為様式が職業と関連づけられた言い回しである。いわば「職業的

パーソナリティ」の存在に注目するということであるが，これは職業文化の後者の側面である。

2. 職業集団に培養された様式

それぞれの職業に固有で特徴的な思考・行為様式とは，ある職業カテゴリーに属する大方の人びとに共通する思考・行為様式ということである。もともと文化とは，人間や個人ではなく，社会システムを対象にし社会システムに関する属性である。したがって，たとえば弁護士という職業に就いている人びとの思考・行為様式，あるいは教師という職業集団に特徴的で個性的な観念・制度・活動の体系が職業文化である。

このうちの観念に力点をおいて，ときに職業文化は職業ごとの価値観とみなされる。「それぞれの職業にはその歴史をつうじて固有の価値態度，知識・技能，心性が蓄積されている」と表現され，観念にとどまらない文化要素に言及される場合もある（寿里）。職業活動の中にくみいれられている儀式的なもの，職業集団の成員に対する顕在的な規範（たとえば守護神），職業集団の出入りにおける裁定，さらには共通する言語や専門語（jargon）・隠語（argot）といった要素は，職業文化の制度的な装置に着目する中から言及されることになる（草津）。構成メンバーに共通してみられる考え方，社交生活，服装，意識，態度，用語，習慣，符牒，固有技術，幻想，情緒などに言及される場合，職業文化は特定の職業集団に固有の思考・行為様式として説明されることになる。

職業活動そのものにみられる職業ごとの特性研究も，職業文化研究の範疇である。ただしこれも個別職業ごとの研究調査であったり，職業にかかわる特定の要素に限定されている。たとえばSSM（social stratification & mobility）調査研究では，職業による社会的威信や社会的移動の特性について分析のメスを入れているが，職業そのものを総体として取り上げているわけではない。職業文化論の視点が組み込まれているわけでもない。

そのSSM調査は，仕事の種類，従業上の地位，役職，従業先の規模，産業

を総合した「職業カテゴリー」を開発した。職業分類は，職業ごとの職業的特性を抽象したものであるから，それぞれの職業に関してその特性を明らかにしようとする職業文化論にとって基礎的資料となる。と同時に職業文化論には，固有の新しい職業分類を創造することが期待されるのではなかろうか。それぞれの職業が要請する資格要件，そして労働条件や金銭的報酬などの職業的帰結に関しては，既存の職業分類によっても情報は供給される。しかし生活の満足感や人生への充足感，ライフスタイルや生活様式，社会的地位と社会的資源といった職業的アウトプットに関しては，言及されることが少ない。

　医者，看護婦，弁護士，教師，職人など個別職業を対象にした研究と調査の類は多数ある。とうぜん部分的には職業文化に触れられているわけであるが，職業文化論の視点からなされているわけではない。労働者文化，警察文化，公務員文化，教員文化を素描した記述はあるが，横断的なものではない。

3. 実証研究へ

　人の生き方の中で，職業はどんな位置を占めているのだろうか。職業と人生とは，どんなかかわり方をするのだろうか。職業が人の生き方を支配するのか，それとも人の生き方が職業への取り組み方を規定するのか。ある職業に就くと，どんなライフスタイルがその人をまちうけ，どんな喜びや悲しみが展望されることになるのだろうか。

　そういったことを，できるだけ実証的に解明していくことが必要である。いわば職業ごとの職業特性に関する実証研究ということになる。たとえば弁護士になるにはどんな資格要件が必要であり，標準的な報酬体系がどうなっているといったことに関するデータは存在する。また職業ごとの生活観や仕事意識の特徴といったことについても，調査データはある。だがそこでの職業は，たかだか職業大分類に名をとどめる程度の大括りなものであり，デザイナー，調理人，ボクサーといった細分類にはなっていない。

　アスピレーションをいだいて特定の職業を選択することもあろうが，偶然と

成りゆきで特定の職業に就くことだってある。職業と人生をむすびつけようとする人もいれば，単に生きるための手段としてしか職業を位置づけていない人もいる。職業を担う当の人がそこに介在するわけであるから，職業だけをきりはなして職業ごとの職業特性を抽象するわけにはいかないが，職業文化に関する丹念な実証的研究が残された課題である。

参考文献

ILO (1994) The World Employment Situation, Trends and Prospects, ILO.
青井和夫・松原治郎・副田義也 (1971)『生活構造の理論』有斐閣
青野季吉 (1930)『サラリーマン恐怖時代』先進社
Applebaum, H. (1992) *The Concept of Work,* State University of New York Press.
Arendt, H. (1958) *The Human Conditions,* the University of Chicago.（志水速雄訳, 1973,『人間の条件』中央公論社)
アーサー・D・リトル社 (2000)『キャリア競争力』東洋経済新報社
跡田直澄 (1994)「非営利セクターの活動と制度」本間政明編著『フィランソロピーの社会経済学』東洋経済新報社
別役実 (1988)『当世・商売往来』岩波書店
Blauner, R. (1964) *Alienation and Freedom,* The University of Chicago Press.（佐藤慶幸監訳, 1971,『労働における疎外と自由』新泉社)
Caillois, R. (1958) *Les Jeux et Hommes,* Gallimard.（清水幾太郎／霧生和男訳, 1970,『遊びと人間』岩波書店)
Cetron, M. /Appel, M. (1984) *Jobs of the Future,* McGraw-Hill Book Company.（佐藤智樹訳, 1984,『10年後の花形職業』プレジデント社)
ダイヤモンド・ハーバード・ビジネス編集部編 (1995)『キャリア創造大転換』ダイヤモンド社
電通総研 (1997)『第1回「価値観国際比較調査」報告書』電通総研
電通総研・余暇開発センター (1999)『世界23カ国価値観データブック』同友館
Dubin, R. (1956) *Industrial Worker's Worlds : A Study of the Central Life Interest of Industrial Workers,* Social Problems, San.
Dubin, R. (1992) *Central Life Interests : Creative Individualism in a Complex World,* Transaction Publishers.
Dumazedier, J. (1962) *Vers une Civilization du Loisire ?* Editions du Seuil.（中島巌訳, 1972,『余暇文明に向かって』東京創元社)
NHK放送文化研究所 (1968)「日本人の職業観―1, 2, 3」『文研月報』1-3月
NHK放送世論調査所編 (1979)『日本人の職業観』日本放送出版協会
NHK放送文化研究所 (1998)『日本人の意識構造』NHKブックス
Friedmann, G. (1961) *The Anatomy of Work,* Heinemann.（小関藤一郎訳, 1973,『細分化された労働』川島書店)
Fromm, E. (1955) *The Sane Society,* Rinehart & Company.（加藤正明／佐藤隆夫訳, 1958,『正気の社会』社会思想社)
ベネッセ教育研究所 (1992)『モノグラフ高校生』Vol. 36. ベネッセコーポレーショ

富士ゼロックス総合教育研究所（1997）『人材白書』日本能率協会マネジメントセンター
藤本喜八（1971）『職業の世界』日本労働協会
現代社会学会議編集（1979）『現代社会学 8』：特集「社会階層論」講談社
Goldthorpe, J. /Lockwood, D. /Beckhofer, F. /Platt, J. (1970) *The Affluent Worker : industrial attitudes and behavior,* Cambridge University Press.
浜口恵俊（1979）『日本人にとってキャリアとは』日本経済新聞社
Hansen, L. S. (1997) *Integrative life planning : Critical Tasks for Career Development and Changing Life Patterns,* Jossey-Bass Publishers.
原純輔編（2000）『日本の階層システム　1』東京大学出版会
林保（1967）『達成動の理論と実際』誠信書房
平石直昭（1991）「近世日本の〈職業〉観」東京大学社会科学研究所編『現代日本社会　4』東京大学出版会
ヒルティ，K. ／草間平作訳（1974）『幸福論』岩波書店
フーラスティエ，J. ／長塚隆二訳（1965）『四万時間―未来の労働を予測する』朝日新聞社
ホイジンガ，J. ／高橋英夫訳（1971）『ホモ・ルーデンス』中央公論社
ホッファー，E. ／田中淳訳（1971）『波止場日記』みすず書房
Holland, J. L. (1985) *Making Vocational Choices,* Prentice-Hall Inc.（渡辺三枝子・松本純平・舘暁夫訳，1990，『職業選択の理論』雇用問題研究会）
堀紘一（1987）『変われ日本人　甦れ企業』講談社
堀義人編著（1996）『成功するキャリア・デザイン』日本経済新聞社
伊吹山太郎（1969）『産業心理学の方法と問題』ミネルヴァ書房
「生きがいと挑戦」研究会（2000）『人生の転機をチャンスに変える』総合労働研究所
今井美沙子（1991）『わたしの仕事』理論社
稲上毅（1993）「キャリア志向」森岡清美・塩原勉・本間健平編集代表『新社会学辞典』有斐閣
石原慎太郎（1975）『息子をサラリーマンにしない法』光文社
岩内亮編著（1975）『職業生活の社会学』学文社
鎌田慧（1986）『日本人の仕事』平凡社
河出書房新社（1979）『人生読本　仕事』河出書房新社
Keenan, J. (1968) *On the Dole,* Fraser, R. ed. (1969) *Work,* Harmondsworth.（後出の Parker, S. 著／野沢・高橋訳による）

キレス啓子（1996）『転職とキャリアライフ』日本短波放送
草津攻（1975）「職業体系と職業文化」岩内亮編著『職業生活の社会学』学文社
経済企画庁（1978）『日本人の教育観と職業観』大蔵省印刷局
経済企画庁（1995）『国民生活選考度調査』大蔵省印刷局
経済企画庁（1996）『国民の意識とニーズ』大蔵省印刷局
経済企画庁（1997）『市民活動レポート』大蔵省印刷局
経済企画庁（1999）『平成11年版国民生活白書―選職社会の実現』大蔵省印刷局
小島広光（1998）『非営利組織の経営』北海道大学図書刊行会
雇用促進事業団職業研究所（1972）研究紀要―No. 3．職業研究所
雇用促進事業団職業研究所編（1979）『日本人の職業経歴と職業観』至誠堂
近藤美智子（1993）「キャリア」森岡清美・塩原勉・本間健平編集代表『新社会学辞典』有斐閣
今野能志（2000）「キャリア開発とキャリアカウンセリング」『エルダー』4月号，高齢者雇用開発協会
毎日新聞社経済部（1977）『ある日突然に―サラリーマンの一生』毎日新聞社
牧田徹雄（2000）「勤め人における〈仕事・職場意識〉の変化」『日本労働研究雑誌』6月号，日本労働研究機構
McClelland, D. C. /Atokinson, J. W. /Clark, R. A. /Lowell, E. L. (1953) *The Achievement Motive,* Appleton-Century-Crofts.
松成義衛・田沼肇他（1957）『日本のサラリーマン』青木書店
松田良一（1991）『日本のシゴトロジー』東京書籍
松田良一（1993）『近代日本職業事典』柏書房
Mills, W. (1951) *White Collar,* Oxford University Press.（杉政孝訳，1969，『ホワイトカラー』東京創元社）
水上勉（1982）『働くこと　生きること』東京書籍
ミル，J. S.／西本正美訳（1928）『ミル自伝』岩波書店
三隅二不二編著（1985）『働くことの意味』有斐閣
見田宗介（1966）『価値意識の研究』弘文堂
Moor, W. E. (1946) *Industrial Relations and Social Order,* Macmillan.
武者小路実篤（1938）『人生論』岩波書店
森岡清美・塩原勉・本間健平編集代表（1993）『新社会学辞典』有斐閣
永井裕久（1998）「キャリア」二神恭一編集『人材開発辞典』キャリアスタッフ
中村新（1983）『サラリーマンの死生観』緑地社
直井優・盛山和夫他（1990）『現代日本の階層構造』〈全4巻〉東京大学出版会
日経連教育特別委員会（1999）『エンプロイアビリティの確立をめざすして』日経連

日本労働研究機構（1993）『国際標準職業分類』一，資料シリーズ No. 30 日本労働研究機構
日本労働研究機構（1998）『大卒ホワイトカラーに関する日米独国際評価調査』日本労働研究機構
日本労働研究機構（1998）「構造調整下の人事処遇制度と職業意識に関する調査）日本労働研究機構
ニュービジネス協議会（2000）『25歳の起業論』東洋経済新報社
OECD（1994）*Job Study : Facts, Analysis, Strategies,* OECD. （島田靖雄監訳，1994，『先進諸国の雇用・失業』日本労働研究機構）
小野公一（1993）『職務満足感と生活満足感』白桃書房
大平光代（1999）『だから，あなたも生き抜いて』講談社
尾高邦雄（1941）『職業社会学』岩波書店
尾高邦雄（1953）『新稿・職業社会学』（第1分冊，第2分冊）福村出版
尾高邦雄編（1958）『職業と階層』毎日新聞社
尾高邦雄（1970）『職業の倫理』中央公論社
O'Toole, J., ed. (1974) *Work and the Quality of Life,* The MIT Press. なお関連の邦訳として岡井紀道訳（1995）『労働にあすはあるか』日本経済新聞社，がある。
Parker, S. /Brown, R. /Child, J. /Smith, M. (1967) *The Sociology of Industry,* George Allen & Unwin Ltd. （寿里茂訳，1973，『産業と社会』，社会思想社）
Parker, S. (1971) *The Future of Work and Leisure,* Granada Publishing Limited. （野沢浩・高橋祐吉訳，1975，『労働と余暇』TBS出版会）
パスカル／前田陽一・由木康訳（1973）『パンセ』中央公論社
Reich, R. B. (1995) *The Work of Nation,* Alfred A. Knopf. Inc. （中谷巌訳，1991，『ザ・ワーク・オブ・ネーションズ』ダイヤモンド社）
ラッセル，B. ／安藤貞雄訳（1992）『ラッセル幸福論』岩波書店
Rifkin, J. (1995) *The End of Work,* Jeremy P. Tarcher Inc. （松浦雅之訳，1996，『大失業時代』ティービーエス・ブリタニカ）
リクルートワークス研究所（2000）『人材市場データブック2000』ダイヤモンド社
Robinson, J. P. et al. (1969) *Measures of Occupational Attitudes and Occupational Characteristics,* ISR （前出岩内編著による）
労働省編（1991）『職業名解説―この仕事は何をするのか？』日本労働研究機構
労働省政策調査部（1995）「「豊かな勤労者生活を実現するための基礎的条件に関する調査研究結果」の概要」『労働統計調査月報』No. 3
労働省（1995）『日本的雇用制度の現状と展望』大蔵省印刷局
労働省（1998）『平成10版労働白書』日本労働研究機構

労働省（2000）『平成12版労働白書』日本労働研究機構
ロレンツ，P.／北澤真木訳（1995）『パリ職業づくし』論創社
Sampson, E. (1994) *The End of Company Man,* Intercontinental Literacy Agency.（山岡洋一訳，1995，『カンパニーマンの終焉』ティービーエス・ブリタニカ）
佐藤慶幸（1991）「共生社会の論理と組織」『組織科学』4号，白桃書房
沢木耕太郎（1991）『彼らの流儀』朝日新聞社
佐山一郎（1991）『「私立」の仕事』筑摩書房
Schein, E. (1978) *Career Dynamics,* Addison-Wesley Publishing Company, Inc.（二村敏子・三善勝代訳，1991，『キャリア・ダイナミックス』白桃書房）
Schlossberg, N. (1989) *Overwhelmed,* Lexington Books.（武田圭太・立野了嗣訳，2000，『「選職社会」転機を活かせ』日本マンパワー出版）
Shepard, J. M. (1971) *Automation and Alienation,* MIT Press.
シニアプラン開発機構（1996）「サラリーマンの生活と生きがいに関する調査」シニアプラン開発機構
杉村芳美（1997）『「良い仕事」の思想』中央公論社
Super, D. E. (1957) *The Psychology of Careers,* Harper & Brothers（日本職業指導学会訳，1960，『職業生活の心理学』誠信書房）
Super, D. E. & Bohn, M. R. (1970) *Occupational Psychology,* Wadsworth.（藤本喜八・大沢武志訳，1973，『職業の心理』ダイヤモンド社）
Super, D. E. (1980) *A Life-span life-space approach to career development,* In D. Brown /L. Brooks & Associ (1990) *Career Choice and Development,* Jossey-Bass, Inc. Publishers.
職業アナリスト・チーム（1983）『近未来予測による緊急就職情報』集英社
総理府（1980）『青少年白書』大蔵省印刷局
総理府（1995）「今後の新しい働き方に関する調査」
総理府統計局（1994）『平成2年国勢調査報告書』日本統計協会
総務庁統計局（2000）『平成7年国勢調査報告書』日本統計協会
総理府青少年対策本部編（1994）『日本の青年―第5回世界青少年意識調査報告書』大蔵省印刷局
寿里茂（1993）『職業と社会』学文社
高橋幹夫（1993）『江戸あきない図譜』青蛙房
武田圭太（1993）『生涯キャリア発達』日本労働研究機構
Terkel, S. (1972) *Working,* Studs Terkel ℅ International Creative Management.（中山容他訳，1983，『仕事』晶文社）

Tilgher, A. (1958) *Home Faber-Work through the Ages,* Henry Regnery.
高任和夫（2000）『仕事を愉しむ』日経BP社
寺澤芳男（1993）「あとがき」江坂彰『サラリーマン―豊かさへの挑戦』講談社
Tofller, A. (1980) *The Third Wave,* W. Morrow & Company.（徳山二郎監訳，1980，『第三の波』日本放送出版協会）
統計数理研究所国民性調査委員会（1992）『第5日本人の国民性』出光書店
統計数理研究所国民性国際調査委員会（1998）『国民性七か国比較』出光書店
富永健一（1979）『日本の階層構造』東京大学出版会
富永健一・宮本光晴編著（1998）『モビリティ社会への展望』慶応義塾大学出版会
Tumin, M. (1964) *Social Stratification,* Prentice-Hall. Inc.（岡本英雄訳，1969，『社会的階層』至誠堂）
梅澤正（1978）『職業労働の新展開』日本労働協会
梅澤正（1997）『サラリーマンの自画像』ミネルヴァ書房
内橋克人（1997）「新しい多元的経済社会での仕事の創造」河合隼人・内橋克人（1997）『仕事の創造』岩波書店
渡辺三枝子（2000）「キャリアカウンセリングとは何であるか？」『Works』aug-sep, リクルートワークス研究所
Weber, M.／大塚久雄訳（1988）『プロテスタンティズムの倫理と資本主義の精神』岩波書店
Weiss, R. S.／R. L. Kahn (1960) *Definitions of Work and Occupations,* Social Problems.（前出 Parker, S. 著／寿里訳による）
八木正（1972）『現代の職業と労働』誠信書房
山内直人編（1999）『NPOデータブック』有斐閣
山本安英（1992）『女優という仕事』岩波書店
山根一真（1993）『メタルカラーの時代』小学館
矢野真和編著（1995）『生活時間の社会学』東京大学出版会
安田三郎・原純輔（1982）『社会調査ハンドブック』有斐閣

索　引

あ　行

アクィナス，T.　12
跡田直澄　175
アプルバウム，H.　12
アレント，H.　12
生き方　109,120,126,133,141-142,
　165,180,186,189-190,192,200,202
伊吹山太郎　12
今井美沙子　110
ヴェーバー，M.　13
裏稼業（裏的商売）　2，5，6
SSM（調査）　50-53,74,76,77,201
エドワーズ，A.　81
NPO　150,174,176
MOW（調査）　21,23,28,73,90
OECDレポート　155
尾高邦雄　18-20
小野公一　140

か　行

会社人間　20,187,193-194
カイヨワ，R.　24
鎌田慧　103,108
カルヴァン，J.　13
カーン，R.　47
関係財（関係的資源）　51,53,54,
　182-183
キーナン，J.　12
キャリアアップ　ii,151,186-187,
　189,191,193
キャリア・アンカー　147
キャリアデベロップメント　148,
　187,189-191
草津攻　92,201
国民生活選好度調査　23,26
雇用（問題）　145-146,148,158,
　168,173,188
ゴールドソープ，J. H.　136
今野能志　190

さ　行

サラリーマン　53-54,77-78,120,
　142-143,154,200
サンプソン，E.　176
資格要件　54-55,122,142,202
シャイン，E.　147
社会的資源　51,53,202
社会的地位　49,60,122,202
就社　113,145,166
就職　76,113,131,146,157,189,197
終身雇用慣行　160-161,197
シュロスバーグ，N.　197
職業威信　74,76,123
職業アイデンティティ　i,ii,125,
　130,147-148,152
職業観　20,21,39,69,89,126,129
職業教育　148
職業社会学のテーマ　7
職業（の）選択　43,49,54,61,78,
　95,130
職業的生きざま　30,112,114-115,
　120-121
職業的キャリア　i,127,147
職業ハンドブック　43,82,84-85
職業分類　50,53,91,96-97,142,202
職業マインド　i,145,152
職業名解説　82,84
職業（の）倫理　20,122,144
職分　18,19,39
人生行路　181,191
人生ビジョン　133,182
人生目標　21,131,133
杉村芳美　177
寿里茂　201
スーパー，D.　49,91,191
生活構造論／生活行動論　47,48
生業　18,19,32,39,118
西洋職人づくし　30
世界青少年意識調査　25,27
選職（社会）　i,59,197,198

組織（仕事）職業人　　119,142,144

た行

ターケル，S.　　102,104,108
タレント　　60,61,63
中心的生活関心　　23,121,136
DPTコード　　95
ティルガー，A.　　13
デュービン，R.　　23,121,136
デュマズディエ，J.　　24
テューミン，M.　　60
転機　　198
転社　　150,165,169,188
天職　　18-19
転職　　158,163-165,169,188,189
転職支援（促進）制度　　162-163
転身　　150,163,165,169
独立志向　　167
トフラー，A.　　175

な行

永井裕久　　187
中村修二　　183
中村新　　127-129
日経連モデル　　149
日本人の国民性　　22,86-87

は行

パスカル，B.　　135
パーソナル・アイデンティティ　　i,147
働き方　　141,163,180-190
浜口恵俊　　185
ハンセン，S.　　192
平石直昭　　17,18,39
ヒルティ，C.　　14
福沢諭吉　　18
フーラスティエ，J.　　24
別役実　　2,4
ホイジンガ，J.　　24
ホッファー，E.　　47,134
ボランティア（活動）　　175,177,185,190,194

ホランド，J.L.　　92
堀義人　　190

ま行

牧田徹雄　　25
松田良一　　108
三隅二不二　　23,89
水上勉　　117
ミル，J.S.　　134
ムーア，W.　　49
武者小路実篤　　129-130
モリス，C.　　133

や行

やくざ稼業（やくざ的商売）　　3,4
山根一真　　118
山本安英　　116
豊かな労働者　　136
良い仕事　　177
余暇　　22,24,25

ら行

ライシュ，R.B.　　96
ライフスタイル　　7,8,42,55,109,119-120,123-124,155,200,202
ライフワーク　　44,190,194
ラッセル，B.　　14-15
リフキン，J.　　155-156,174-177
ルター，M.　　13
ロビンソン，J.　　91
ロレンツ，P.　　34

わ行

ワイス，R.　　47
ワークシェアリング　　174
渡辺三枝子　　93,190

（見出しになっている項目は，原則として抽出していない）

著者紹介

梅澤 正（うめざわ　ただし）

1935年　埼玉県出身
現職　東京経済大学経営学部教授（産業社会学専攻）
　　　（東京大学文学部社会学科卒業，産業能率短期大学助教授，桃山学院大学教授，新潟
　　　大学教授を経て，1992年4月より現職）
〔主著〕
『企業と社会―社会学からのアプローチ』（ミネルヴァ書房，2000年）
『人生の転機をチャンスに変える』（共著，総合労働研究所，2000年）
『Valuable Check List 全2巻―個人編＆組織編』（プレスタイム，1998年）
『サラリーマンの自画像』（ミネルヴァ書房，1996年）
『企業文化論を学ぶ人のために』（編共著，世界思想社，1995年）
『顔の見える企業』（有斐閣，1994年）
『経営理念策定マニュアル』（共編著，PHP研究所，1993年）
『企業文化の革新と創造』（有斐閣，1990年）
『人が見える企業文化』（講談社，1990年）。
　　　　　　　　　　　他多数

シリーズ　職業とライフスタイル 5
職業とキャリア

2001年2月20日　第一版第一刷発行
2002年9月30日　第一版第二刷発行

著　者　梅　澤　　　正
発行所　㈱学　文　社
発行者　田　中　千津子
　　　　東京都目黒区下目黒 3-6-1 〒153-0064
　　　　http://www.gakubunsha.com
　　　　電話 03(3715)1501　振替 00130-9-98842

落丁，乱丁本は，本社にてお取替え致します。
定価は売上カード，カバーに表示してあります。　検印省略
ISBN4-7620-1000-6-0　印刷／㈱亨有堂印刷所
© Tadashi UMEZAWA 2001　　　〈転載不許可〉